MARCO POLO

Dein Insider-Trip

ALLGÄU

Besondere Erlebnisse – von entspannt bis rasant

Inhalt

Die Klassiker reloaded

Altbekanntes ganz neu erleben

Die Lecker-bissen

Verführerisches von süß bis deftig

Die kreativen Orte

Kunst & Kultur von gediegen bis hip

Die wilde Seite

Gas geben und Spaß haben von sportlich bis mutig

Die ruhigen Ecken

Entspannen von minimalistisch bis luxuriös

Das pralle Leben

In Feierlaune das ganze Jahr

Mix & Match

Mach dein eigenes Ding

Dies & Das

Karten, Register & mehr

Kässpatzen, Breitachklamm, Neuschwanstein – so kennst und liebst du das Allgäu. Und echte Klassiker werden auch niemals langweilig. Schau um die Ecke, nimm eine andere Perspektive ein, such die geheimen Orte und neuen Interpretationen. Und huch: Ist da schon ein neuer Klassiker im Anmarsch?

Die Klassiker reloaded

Altbekanntes ganz neu erleben

Unten durch
Golfspaß im Miniaturallgäu

→ **Königlich Golfen – in klein – kannst du in der Anlage von Flößer-Golf Lechbruck**

Er muss unter Schloss Neuschwanstein durchrollen oder genau ins Portal der Ottobeurer Basilika befördert werden. Da sind Zielgenauigkeit und Feingefühl gefragt – damit du den Ball mit dem Schläger nicht etwa mitten auf die Sehenswürdigkeiten knallst! So richtig schlimm wäre das aber auch wieder nicht, denn mit einem Minigolfball kriegst du die hübschen kleinen Nachbauten der berühmten Gebäude nicht kaputt.

Wobei »Minigolf« nicht ganz die richtige Bezeichnung für diese Spiele mit Ball und Schläger ist: Die modernen Anlagen mit den Allgäu-typischen Motiven nennen sich »Adventure-Golf« oder »Erlebnis-Golf«. Die Regeln sind teilweise etwas anders als beim klassischen Miniaturgolf; in Ottobeuren hat man im *Adventure Golf Park* z. B. acht Schläge statt sechs (dafür muss man zehn Schläge aufschreiben, wenn man es nicht schafft, einzulochen).

Vor allem aber macht die Platzgestaltung den Unterschied und jede Menge Spaß. In Fischen findest du bei *Erlebnis-Golf Fischen* den »Hausberg« Rubihorn auf dem Platz und die Iller in klein. In der Anlage *Flößer-Golf Lechbruck* im »Flößerdorf« stehen die Schlösser Neuschwanstein und Hohenschwangau. Klar, dass in Ottobeuren die Basilika nicht fehlen darf, du spielst aber auch um die Ottobeurer Sternwarte herum und durch die fünf Säulen der Kneipp-Therapie. So lustig hast du den Aufenthalt zwischen lauter Sehenswürdigkeiten bestimmt noch nie gefunden!

1. **Adventure Golf Park Ottobeuren • Hawanger Str. 18, 87724 Ottobeuren • adventuregolf-ottobeuren.de**

2. **Erlebnis-Golf Fischen • Im Weidach, 87538 Fischen • hoernerdoerfer.de/a-minigolf-fischen-allgaeu**

3. **Flößer-Golf Lechbruck • Floßbinderweg 2, 86983 Lechbruck am See • lechbruck.de/floesser-golf.html**

Südsee ahoi! Heimatmuseum mal ganz anders

Gleich hinter dem Heimatmuseum fährt ein Aufzug in die Südsee. Du reist virtuell durch den Mittelpunkt der Erde, und wenn du aussteigst, bist du in Melanesien angekommen. So heißt die Pazifikregion, in der Neuguinea, der Bismarck-Archipel, die Salomonen, Vanuatu, Neukaledonien und Fidschi liegen. Die exotischen Ausstellungsstücke wurden vor rund 100 Jahren von dortigen Insulanern gefertigt. Die *Südsee-Sammlung Obergünzburg* ist also ein echtes Heimatmuseum für Melanesier. Außerdem wird sie sehr ansprechend und spannend präsentiert, die Ausstellungsstücke werden durch alte Fotos und neue Videos aus Melanesien ergänzt. Die traditionelle Wohnhütte, die du dort besichtigen kannst, wurde 2009 wieder aufgebaut. Damals reisten extra vier Bewohner des Inselstaats Vanuatu an, um die Hütte direkt im Museum so zu errichten, wie man es in der Südsee seit jeher tut.

← Gilt es in der Südsee-Sammlung zu entdecken: Speere aus Melanesien …

← … und die Kastom-Hütte

Aber wie kommt eine derart exotische Sammlung in einen beschaulichen Marktflecken im Ostallgäu? Das liegt an Karl Nauer (1874–1962), der als Sohn eines Seifensieders in Obergünzburg geboren wurde, sich als Teenager am Bodensee in die Schifffahrt verliebte und als junger Mann Kapitän eines Küstendampfers im Bismarck-Archipel wurde. Dort erwarb er all die außergewöhnlichen Artefakte, die er später seiner Heimatgemeinde vermachte. Sie wurden dort auch bald ausgestellt, aber erst 2009 bekamen sie ihr eigenes, modernes Museumsgebäude. Der letzte Ausstellungsraum widmet sich Karl Nauer als Person – es lohnt sich, seinem höchst abenteuerlichen Lebensweg nachzuspüren!

INSIDER-TIPP
Spannend wie ein Krimi

4 **Südsee-Sammlung Obergünzburg • Unterer Markt 2, 87634 Obergünzburg • suedseesammlung.de**

Vom Gras zum Fladen
Expedition durchs Innere der Kuh

→ Thilo Kreier begrüßt seine Besucher beim begehbaren Kuhmagen ...

→ ... also rein in den Magen – auch wenn sich das komisch anhört

»Kuhranzenfinschter« sei die mondlose Nacht, sagt der Allgäuer und meint damit: dunkel wie im Magen einer Kuh. Genau genommen hat eine Kuh sogar vier Mägen, in denen es vermutlich tatsächlich ziemlich dunkel ist. Vereint schaffen sie es, die in Gras und Heu enthaltene Zellulose aufzuspalten – das können Menschen mit ihrem (einzigen) Magen nicht.

Im *Allgäuer Bergbauernmuseum* kannst du die Verdauungsorgane der milchgebenden Wiederkäuerin dagegen bei guter Beleuchtung erforschen. Es gibt dort nämlich einen begehbaren Kuhmagen. Du gehst durch den Pansen, den Netz-, den Blätter- und den Labmagen und erfährst, wie das frisch abgerupfte Gras so lange verdaut wird, bis der Rest als Fladen auf der Wiese landet. Wusstest du, dass eine Kuh für ihre Verdauung jeden Tag eine Badewanne voll Spucke produziert? Und dass ihr Darm 50 m lang ist und damit 30-mal so lang wie sie selbst? Auch ein Kuhdarm hat so seinen Charme ...

Der begehbare Kuhmagen ist eine Erlebnis-Lern-Station, auf die Betriebsleiter Thilo Kreier besonders stolz ist. Aber auch sonst gibt es auf dem großzügigen Freilichtmuseumsgelände vieles zu erleben. Für Erwachsene sind die Ausstellung zur Berglandwirtschaft und der denkmalgeschützte Sattlerhof mit seiner Einrichtung aus den 1920er-Jahren interessant. Kinder lieben den Abenteuer- und den Waldspielplatz, den Traktorenparcours in der Panoramatenne, den Hüpf-Heustock und natürlich all die Tiere: Bienen, Hühner, Schafe, Schweine, Esel und (echte) Kühe. Östlich der Höfle-Alp auf dem Museumsgelände beginnt der Kuhnigundenweg, ein kindgerechter Erlebnisrundweg (5 km) mit elf Stationen.

INSIDER-TIPP
Unterwegs mit Kuhnigunde

5 Allgäuer Bergbauernmuseum • Diepolz 44, 87509 Immenstadt • bergbauernmuseum.de

Der Netzmagen -
Die Sortierstation

Flying High
Über Neuschwanstein schweben

Um diesen Blick auf sein Domizil würde Ludwig II. dich glühend beneiden. Aus der Vogelperspektive wird erst deutlich, wie ideal die beiden Königsschlösser Neuschwanstein und Hohenschwangau auf ihren Felsvorsprüngen platziert sind und wie perfekt sie die traumhafte Landschaft ergänzen. Und überhaupt, diese Landschaft, dieses Panorama!

An Tagen mit guter Thermik steigst du weit über die Gipfel des Ammergebirges auf und kannst bis zur Zugspitze sehen, während der Pilot, z. B. von *Fly Royal Paragliding* oder der *Flugschule aktiv*, den Gleitschirm aufwärts kreisen oder abwärts schweben lässt.

Für den Flug vom Tegelberg brauchst du allerdings ein bisschen Mut, denn der Startplatz ist steil und du musst beim Start aktiv mitlaufen und über die Felskante springen. »Das ist schon beeindruckend«, sagt die Tandempilotin Yvonne Dathe von *Flyteam*. Falls du einen sanfteren Einstieg bevorzugst, empfiehlt sie den Breitenberg bei Pfronten. Eine gewisse Nervosität vor dem Start ist aber ohnehin ganz normal, meint sie. Der Thrill gehört schließlich dazu – die Entspannung stellt sich dann während des 15- bis 40-minütigen Fluges (je nach Wind) ein. »Nach der Landung haben alle ein Strahlen im Gesicht«, sagt Yvonne, die seit über 20 Jahren fliegt. »Fliegen ist einfach das Schönste!« Am besten genießen kannst du den Flug, wenn du unterwegs nicht selbst fotografierst oder filmst, sondern das den Piloten machen lässt.

← Bequem wie in einem Sessel mit königlichem Logenblick sitzt du bei dem Tandemflug

← Die Profis von Flyteam begleiten dich durch das luftige Abenteuer

INSIDER-TIPP
Lass knipsen!

6 **Fly Royal Paragliding • Brunnenstr. 10, 87669 Rieden am Forggensee • fly-royal.de**

7 **Flugschule aktiv • Tegelbergstr. 33, 87645 Schwangau • flugschule-aktiv.de/tandem**

8 **Flyteam • Am Alten Garten 21, 87642 Halblech • flyteam.info**

Feuer und Eis
Mit der Fackel durch die Breitachklamm

→ **Ein Winterzauber: die Fackelwanderung in der Breitachklamm**

In manchen Winternächten kannst du die Breitachklamm buchstäblich in einem völlig anderen Licht sehen: Bei einer abendlichen Fackelwanderung durch die Klamm schimmert das Eis farbig im Feuerschein der vor dir Gehenden, die einzelnen Eiszapfen heben sich plastisch ab wie nie, die flackernden Flammen erzeugen bizarre Schattenspiele an den steil aufragenden Wänden. Die verschneiten Bäume neigen sich wie stumme weiße Wächter herab, über dir funkeln die Sterne am schwarzen Nachthimmel. Unter dir bleibt die gurgelnde Breitach fast unsichtbar, die Felswände verschwinden im Dunkeln, aber das Spiel von Eis und Feuer vor dir ist absolut faszinierend.

INSIDER-TIPP
Hinten ist die Pole-Position

Übrigens ist dieses Erlebnis umso schöner, je mehr Menschen mit dir in der *Breitachklamm* unterwegs sind: Hunderte Lichtpunkte ziehen sich dann wie ein riesiger, glühender Lindwurm durch das geheimnisvolle Dunkel. Je weiter hinten du mitwanderst, desto intensiver kannst du das Schauspiel genießen. Da es nachts noch eisiger in der Klamm ist als sonst, solltest du dich dafür aber richtig warm anziehen und natürlich Schuhe mit gutem Profil tragen.

Immer von Weihnachten bis Mitte Februar (je nach Witterung) werden jeweils am Dienstag- und Freitagabend Fackelwanderungen durch die berühmteste Klamm des Allgäus angeboten. Ab dem Winter 2021/22 ist dafür eine Online-Reservierung erforderlich. Wenn du magst, kannst du auch eine exklusive Gruppenführung mit einem eigenen Guide buchen, das geht schon ab zwei Personen.

9 **Breitachklamm • 87561 Oberstdorf • breitachklamm.com/erlebnis/fackelwanderungen.html**

Schön schlicht
Wo Zeitgenössisches dem Barock die Show stiehlt

Romantische Schlösser und üppige Barockkirchen sind nicht die einzigen Kunstschätze der Region. Du kannst im Allgäu auch zeitgenössische Kunst in moderner Architektur bewundern. Manchmal sind Barock und Moderne sogar in enger Nachbarschaft zu finden. Besonders eindrucksvoll ist der Kontrast in Ottobeuren, wo gerade einmal 125 m zwischen der prächtigen Basilika St. Theodor und Alexander und dem schlichten, kühlen *Museum für zeitgenössische Kunst – Dieter Kunerth* liegen. Ein Teil der Ausstellungsfläche ist (immer wieder wechselnden) Werken des äußerst produktiven Künstlers gewidmet. Daneben werden jährlich zwei bis drei Ausstellungen anderer, durchaus hochkarätiger Künstler gezeigt. In der museumseigenen Kunstwerkstatt kannst du auch selbst künstlerisch tätig werden (Infos auf der Website).

INSIDER-TIPP
Der Picasso in dir

Ein zweites Pilgerziel für Freunde der zeitgenössischen Kunst befindet sich in der Kreisstadt des Ostallgäus. Wenn du nach Marktoberdorf fährst, siehst du schon von Weitem die barocke Pfarrkirche St. Martin neben dem Schloss, die über der Stadt aufragt. In ihrem Herzen sticht aber das *Künstlerhaus Marktoberdorf* hervor, ein moderner kubischer Bau aus rotem Klinker. Schon von außen ist das Werk der Schweizer Architekten Bearth & Deplazes ein Hingucker. Aber auch die Ausstellungen lohnen den Besuch. Die Barockkirchen kannst du dir ja später noch ansehen …

← Haben nix mit Barock zu tun: das Museum für zeitgenössische Kunst – Dieter Kunerth und …

← das Künstlerhaus Marktoberdorf

10 **Museum für zeitgenössische Kunst – Dieter Kunerth • Marktplatz 14 a, 87724 Ottobeuren • mzk-diku.de**

11 **Künstlerhaus Marktoberdorf – Museum für zeitgenössische Kunst • Kemptener Str. 5, 87616 Marktoberdorf • kuenstlerhaus-marktoberdorf.de**

Eicher
OAL
0 252
Eicher
Selber fahren!
Oldtimer-Traktor-Vermietung
Strobel
Info beim Fahrer
und
Rindegger Weg 4
Nesselwang
(gegenüber V-Markt)
Tel.: 08361 1324
www.traktorausflug.de

Steig auf, Resi!
Gas geben auf dem Oldtimer-Traktor

← **Aufgesessen – und schon kann die Traktor-Tour beginnen!**

Einmal selbst einen Traktor fahren, das muss kein Kindheitstraum bleiben. In Nesselwang kannst du nicht nur den Bauern beim Traktorfahren zuschauen, sondern dich auch selbst ans Steuer setzen. Zugegeben, nicht auf einer der riesigen Zugmaschinen, die heutzutage über die Wiesen düsen. Aber dafür auf einem schnuckeligen Oldtimer-Traktor, den Michael Strobel vermietet. Ob das Fendt-Dieselross, der Eicher ED 16/II, der Porsche Diesel Junior oder der Mc Cormick Farmall D-324, sie alle stammen aus den 1950er- und 1960er-Jahren und sind bestens gepflegt.

Allerdings ist es gar nicht so ohne, so ein Schätzchen zu fahren. Beispielsweise sind die Getriebe nicht synchronisiert, sodass du bei Steigungen nicht einfach runterschalten kannst. Du musst anhalten und dann einen neuen Gang einlegen – und auch das gefühlvolle »Gang raus, Gang rein!« will geübt sein, ebenso wie der Umgang mit dem Handgas. Du bekommst aber vor der Tour eine ausführliche Einweisung und eine Übungsrunde mit Begleitung bei der *Oldtimer-Traktor-Vermietung Strobel*.

Und dann tuckerst du los. Michael Strobel hat mehrere Routen zusammengestellt, die dich über wenig befahrene Sträßchen und Wege zu schönen Plätzen in der Umgebung führen. Mit höchstens 20 km/h zuckelst du gemütlich durch die Gegend und folgst der Anzeige auf deinem GPS-Gerät, sodass du dich nicht verfahren kannst. Zwar überholen dich die Rennradler und E-Biker, aber dafür bist du buchstäblich total entschleunigt unterwegs. Außerdem freuen sich alle, dich auf deinem altertümlichen Gefährt zu sehen; du wirst mit Zurückgrüßen und Winken kaum nachkommen. Coole Sache, so ein Traktorausflug!

12 **Oldtimer-Traktor-Vermietung Strobel • Rindegger Weg 4, 87484 Nesselwang • traktorausflug.de**

Alpen
JodSalz

Schlagen, nicht rühren! Mal selbst den Spatzenhobel schwingen

Früher waren sie ein Arme-Leute-Essen, heute stehen sie auf jeder ordentlichen Wirtshausspeisekarte der Region. Ob sie dann Käsespätzle heißen (im Westallgäu), Kässpatzen (im restlichen Allgäu) oder auch Chäsknöpfli wie in der Schweiz, ist eigentlich egal. Du musst auch gar nicht ausgehen, um erstklassige Kässpatzen zu essen, du kannst schließlich lernen, sie selbst zuzubereiten. Das ist gar nicht so schwierig und macht Spaß, insbesondere unter der fachkundigen und charmanten Anleitung von Brigitte Kulmus und Maria Schneider beim *Kässpatzen-Kochkurs* in Oberreute. Das Angebot gilt übrigens für Urlauber und Einheimische.

← Die Expertin weiht dich in die Kunst des Spatzenteigschlagens ein, dann bist du dran!

Die Zutaten bringen die Kursleiterinnen mit, es sind ja nicht viele: (Spätzle-)Mehl, Eier, Wasser und Salz sowie Käse, Zwiebeln und Butter. Alles stammt aus der Region, die Eier haben Brigittes Hühner extra für euch gelegt.

Nach einer kurzen Einführung geht es los: Käse hobeln, Zwiebeln schneiden, Wasser aufsetzen, Spatzenteig anrühren. Wobei es mit Rühren nicht getan ist: Den Spatzenteig musst du ordentlich schlagen, damit Luft reinkommt, bis er Blasen wirft. Bei den Zwiebeln wiederum darfst du nicht zu forsch rangehen, sie sollen schließlich anmutig gebräunt sein, nicht schwarz verbrannt. Wenn der Teig dann »schön schlotzig« ist (O-Ton Brigitte), füllst du ihn um und hobelst ihn zügig ins sprudelnde Wasser. Rausschöpfen, in die Schüssel füllen, Käse drauf und die nächste Ladung hobeln. Ganz zum Schluss kommen die gebräunten Zwiebeln drauf. Und dann stehen die besten Kässpatzen auf dem Tisch, die du je gegessen hast – versprochen!

13 Kässpatzen-Kochkurs • Freibadweg 5, 88179 Oberreute • oberreute.de

Gute Nacht, Hochgrat! Zum Sonnenuntergang auf den Berg

→ **Traumhafter Panoramablick vom »Hausberg« Oberstaufens, dem Hochgrat**

Um einen Sonnenuntergang auf dem Berg zu erleben, musst du nicht hinaufgestiegen sein. Und erst recht nicht im Dunklen wieder absteigen. Ein bisschen unsportlich, aber dafür entspannt, kommst du in den Genuss dieses Naturerlebnisses bei einer Sonnenuntergangsfahrt mit der *Hochgratbahn*. Der 1834 m hohe Hochgrat ist der markanteste Berg der westlichen Nagelfluhkette.

In einer kleinen, gelben Gondel schuckelst du abends gemächlich zur Bergstation hinauf, während die Tageswanderer zum Abendbrot hinunterfahren. Oben angekommen, hast du die Wahl: Vorab noch eine kleine Wanderung zum benachbarten Seelekopf (kurz, aber knackig)? Gleich ab ins Restaurant an der Bergstation, um dir einen »Logenplatz« zu sichern? Oder direkt weiter zum Hochgrat-Gipfel, wo es neben dem Gipfelkreuz zwei Bänke für ein romantisches Picknick gibt? Du kannst dir auch ein ganz anderes Lieblingsplätzchen suchen, Platz ist auf dem Berg genug.

Während das Licht immer weicher und wärmer fällt, die Kuhglocken gedämpfte Hintergrundmusik liefern und die Konturen der Gipfel sich dunkler vorm Himmel abzeichnen, spürst du, wie du zur Ruhe kommst. Manche Besucher posen für Fotos, andere suchen nach der richtigen Kameraeinstellung. Aber am schönsten ist es, einfach zuzusehen, wie die Sonne sinkt und der Himmel sich von Blau und Gelb in Rosatöne verfärbt, bis nur noch ein matter Schein am Horizont von der vergangenen Pracht kündet.

INSIDER-TIPP
Blue Moon

Die Sonnenuntergangsfahrten finden im Juli jeden Dienstag, im August zusätzlich freitags statt, sofern das Wetter passt. Es geht noch romantischer: Einmal im Monat ist zudem Vollmondfahrt.

14 **Hochgratbahn • Lanzenbach 5, 87534 Oberstaufen-Steibis • hochgrat.de**

Ein rätselhafter Kunstraub

Handy-Schnitzeljagd
Knobel dich durch Kempten

Es gibt mehrere Wege, eine Stadt kennenzulernen, aber das dürfte einer der unterhaltsamsten sein: Die *Allgäu-Mission* führt dich als Outdoor-Game auf deinem Smartphone mit einem konkreten Auftrag durch die Allgäu-Metropole. An jeder Station musst du ein Rätsel lösen, was dich zum nächsten Ort bringt, an dem dich dann eine neue Aufgabe erwartet. Wenn du glaubst, den richtigen Ort erreicht zu haben, klickst du auf den Button »Wir sind da!« und erhältst einen weiteren Hinweis – allerdings nur, wenn deine Vermutung zutrifft.

Die Mission »Ein rätselhafter Kunstraub« beginnt beispielsweise mit einem Zeitungsartikel. Im Verlauf der folgenden 90 Minuten bekommst du u. a. Audios zu hören, musst einen QR-Code scannen, einen Schaukasten und einen speziellen Briefkasten finden, eine Hausnummer und einen Code erknobeln und einen Namen herausfinden. Dabei entdeckst du nach und nach besondere Plätze, Gebäude und Institutionen in der Stadt und löst parallel einen historischen Kriminalfall. Nach dem durchaus überraschenden Finale gibt es noch eine kleine Belohnung.

Diese Smartphone-Schnitzeljagd ist als Gruppenaktivität konzipiert, du brauchst also einen bis fünf Mitspieler. Dabei seid ihr maximal flexibel: Ihr müsst euch nicht an bestimmte Termine und Zeiten halten, sondern könnt loslegen, sobald ihr Lust und Zeit dazu habt. Ihr könnt die (Kunst-)Schatzsuche zwischendrin auch unterbrechen, um einen Kaffee zu trinken oder etwas zu shoppen. Und am Ende kennt ihr euch in der Kemptener Innenstadt ziemlich gut aus.

← Wer die kniffeligen Rätsel löst, erfährt eine Menge über Kempten

15 Allgäu-Mission • 87435 Kempten • allgaeu-mission.de

Hat da jemand »Essen« gesagt? Na klar! Aber nur das leckerste und nur in der schönsten Umgebung. Geh auf Foodietour! Wo es den besten Leberkäs gibt, die höchste Brauerei und himmlische Torten im ehemaligen Pfarrhaus. Und dazu noch ein Gläschen Bergwein!

Die Lecker bissen

Verführerisches von süß bis deftig

Kein Fleisch in der Hütte Einkehr bei der Veggie-Pionierin

Die Hündeleskopfhütte bei Pfronten ist als erste vegetarische Hütte in den Alpen und als einzige im Allgäu eine echte kulinarische Rarität. Hüttenwirtin Silvia Beyer, die dort seit 2015 den Kochlöffel schwingt, bietet zwar nur kleine Gerichte wie Kässpatzen, Mehlspeisen und Suppen, Wraps und Gemüselasagne. Aber die sind rundum köstlich. Das liegt vor allem daran, dass die überzeugte Vegetarierin großen Wert darauf legt, alle Speisen frisch zuzubereiten und die Zutaten möglichst aus der Region und in Bio-Qualität zu beziehen. Einen Blick fürs Detail hat die gelernte Hauswirtschaftsmeisterin auch: Mit frischen Kräutern und etwas Rohkost hübsch angerichtet, wird bei ihr selbst ein Käsbrot zum Hochgenuss. Auch wer vegan oder glutenfrei essen möchte, wird auf der Tageskarte fündig.

Kein Wunder, dass viele Gäste extra deswegen den etwa einstündigen Fußmarsch von Pfronten-Kappel bis zur *Hündeleskopfhütte* machen, die auf einer Höhe von 1180 m liegt. »Gerade die Veganer freuen sich oft sehr, dass es für sie auch etwas gibt«, erzählt Silvia Beyer. Dass sie mit ihrem Angebot immer noch eine Pionierin ist, nimmt sie achselzuckend zur Kenntnis. »Die Zeit war einfach reif dafür«, findet sie.

Ein besonderer Platz ist die Hütte auch wegen ihrer tollen Aussicht: Nach Norden siehst du weit ins Ostallgäu hinein, nach Süden blickst du auf den Breitenberg und die Berge des Tannheimer Tals. Im Winter kannst du nach der Einkehr den Fahrweg mit dem Schlitten hinuntersausen – ein herrliches Vergnügen!

← Hüttenwirtin Silvia Beyer macht auch aus einem schlichten Käsbrot ein Highlight

INSIDER-TIPP
Rasant abwärts

1 Hündeleskopfhütte • 87459 Pfronten-Kappel • huendeleskopfhuette.de

Auf hohem Niveau
Hochprozentiges aus Hörmoos

→ **Am Verkaufsstadl gibt's jede Menge flüssige Kräuterprodukte**

→ **Kräuterexperte Michael Schneider beim Selbsttest**

Für viele ist Enzianschnaps ein fürchterliches Gebräu, das nach Gartenerde schmeckt. Für Kenner ist der bittere, aber aromatische Wurzelbrand dagegen ein perfekter Digestif, dem noch dazu allerlei gesundheitsfördernde Wirkungen nachgesagt werden. So soll er den Magen stärken und die Verdauung anregen. Im Allgäu gibt es kaum Enzianbrennereien. Das hat auch damit zu tun, dass der Gelbe Enzian, aus dessen Wurzeln der Schnaps gebraut wird, geschützt und die Entnahme der Wurzeln mengenmäßig reglementiert ist.

Michael Schneider, der Inhaber der *Kräuteralp Hörmoos*, ist einer der wenigen Enzianschnapshersteller. In seinem Wohnhaus im wunderschönen Lanzenbachtal bei Steibis betreibt der Kräuterfan auf 1300 m Höhe die höchstgelegene Destille des Allgäus und verkauft seine Erzeugnisse vor Ort und über seinen Webshop. Er erzeugt einen kräftigen Enzianbrand und eine weichere Cuvée mit einer lieblichen Apfelnote. Er weiß aber nicht nur, wo und wann er den Gelben Enzian stechen kann. Auch alle anderen Alpenkräuter, die in seinem Kräutergarten und in der Umgebung wachsen, kennt er genau. Aus ihnen stellt er allerlei Magenbitter, Liköre und sonstige Elixiere her – hinzu kommen außerdem noch Öle und Kräuteressig. Und alles in Bioland-Qualität.

Im Sommer kannst du montags um 13.30 Uhr die Destille besichtigen und dir die Herstellung erklären lassen. Natürlich mit Verkostung. Oder du kommst, wenn der Verkaufsstadl an der Destille geöffnet ist und suchst dir dein Lieblingströpfchen nach persönlicher Beratung aus.

2 **Michels Kräuteralp Hörmoos • 87534 Oberstaufen-Steibis • kraeuteralp.de**

Gastwirtschaft
Fidelisbäck
#wirsindwangen

Lecker seit 1505
Leberkäs und Laugenhörnchen

Eine über 500 Jahre alte Bäckerei ist an sich schon bemerkenswert. Es ist aber nicht nur seine lange Geschichte, die den *Fidelisbäck* im Städtchen Wangen zu einer Attraktion macht. Freunde der deftigen Gaumenfreuden pilgern von nah und fern vor allem ins Stammhaus in der Paradiesstraße 3 mitten in der malerischen Altstadt, um sich dort mit warmem Leberkäs und frisch gebackenen Laugenhörnchen zu stärken. Der Leberkäs ist aber auch gar zu gut: Weich, aber nicht zu sehr, mit einer kleinen Kruste, mild-würzig im Geschmack und nicht zu fett.

← Beste Qualität seit Jahrhunderten: der Fidelisbäck

Genießen kannst du ihn portionsweise in der gemütlichen Gaststube oder im rückwärtigen Biergarten. Oder du nimmst ihn mit. Von einem ganzen Leberkäs-Stollen wird auch der Freundeskreis noch satt. Für unterwegs ist der Leberkäs im Bürli-Weck das Nonplusultra: Der Weck ist außen kross, innen fluffig – insgesamt unwiderstehlich!

INSIDER-TIPP
LKW to go

Falls dir ausnahmsweise nicht nach Leberkäs ist: Hier gibt es auch die fürs Westallgäu typischen heißen Seelen, gesundes Ackerbohnen-Landbrot, aromatisches Allgäuer Zupfbrot mit Pesto und Bergkäse und andere Backwerke in hoher Qualität. Das Traditionsunternehmen ist da recht innovativ.

Der erste Beleg für eine Backstube in der Paradiesstraße 3 in Wangen stammt aus dem Jahr 1505. Ab 1783 buken dort Fidel Hasel und sein gleichnamiger Sohn, weshalb im Volksmund der Name »Fidelisbäck« entstand. Seit 2014 heißt das Unternehmen offiziell »Fidelis 1505«, aber es wird wohl noch eine Weile dauern, bis sich dieser Name durchsetzt …

3 **Fidelisbäck • Paradiesstr. 3, 88239 Wangen • fidelis1505.de**

Oberstaufen, olé!
Tapas nach Allgäuer Art

→ **Ob draußen oder drinnen, die Allgäu-Tapas der Nagelfluhlounge sind sagenhaft!**

Du kannst das Allgäu auch in Häppchen genießen. Und wie! Für den kleinen Imbiss zwischendurch gibt es in der *Nagelfluhlounge* in Oberstaufen nämlich delikate »Allgäu-Tapas«. Dabei ist das Küchenteam um den Betriebsleiter Thomas Goetze echt kreativ: Der Wurstsalat wird mal eben aus Weißwurst mit Brezencroutons angerichtet, zur Hirschbratwurst bekommt man ein Weißbiercurry, zum geräucherten Schweinebauch ein Blaukraut-Kimchi mit Serviettenknödelpommes und zur veganen Wirsingroulade Couscous. O. k., einen bunten Saisonsalat gibt es auch. Aber der kulinarische Parforceritt durch die klassische regionale Küche macht einfach besonders viel Spaß. Du musst dich übrigens nicht für ein einziges Gericht entscheiden. Wie bei den spanischen Tapas ist wildes Durcheinanderessen unter Freunden erlaubt.

Auch sonst ist die Nagelfluhlounge am Kurpark eine ungewöhnliche Kombination: Draußen dominiert der 1970er-Jahre-Stil, drinnen zeitgeistiger Alpinschick. Aber egal wo, es sitzt sich in der Lounge und auf der Terrasse sehr angenehm.

Falls du zum Kaffee einen Kuchen möchtest, wirst du vielleicht erst einmal enttäuscht sein: Kuchen gibt es in der Nagelfluhlounge nicht. Das macht aber nichts. Auf der Karte stehen nämlich frische, hausgemachte Windbeutel in allerlei ausgefallenen Variationen – viel besser als Kuchen!

INSIDER-TIPP
Lounge Events

Abends lässt es sich in der Lounge übrigens entspannt chillen; du kannst dort auch nur etwas trinken. Einmal im Monat gibt's Kleinkunstabende mit Kabarett, Autorenlesungen oder Poetry Slam; das Programm steht auf der Website.

Für alle Neugierigen: »Nagelfluh« ist das Konglomeratgestein, aus dem die Gebirgskette vor Oberstaufen besteht.

4 **Nagelfluhlounge • Argenstr. 3, 87534 Oberstaufen • nagelfluhlounge.de**

NAGELFLUH
LOUNGE

Denkmal
an Kaffee

Der Himmel auf Erden
Cafés im Pfarrhaus

Wer hätte gedacht, dass ein Besuch im Pfarrhaus kulinarisch so erfreulich sein könnte? Melanie und Christian Marka haben mit ihren Kindern selbst fünf Jahre lang im ehemaligen Pfarrhaus in Merazhofen südlich von Leutkirch gewohnt, bevor sie das Café mit dem schönen Namen *s'Himmelreich* darin eröffneten. Von außen ist das Haus ein barockes Schmuckkästchen mit hübscher Terrasse. Über der Haustüre empfängt dich das Bild des Guten Hirten, drinnen die beiden Gastgeber mit großer Herzlichkeit. Die Gasträume hat Melanie wunderbar plüschig möbliert. Die Torten sind riesig und sehen nicht nur verführerisch aus, sondern schmecken auch köstlich. Natürlich darf »Die Himmlische« nicht fehlen, die ihren Namen zu Recht trägt. Alles zusammen ergibt eine ganz besondere Wohlfühlatmosphäre – man mag dieses irdische Paradies gar nicht mehr verlassen. Kein Problem: Im Obergeschoss ist ein Doppelzimmer zu vermieten.

20 km südlich haben Gebhard und Angela Baur über Jahre hinweg das ehemalige Kaplanhaus in Gestratz denkmalgerecht saniert, bevor Angela darin ihren Traum vom eigenen Café verwirklichte. Die beiden Gasträume des *Denkmal an Kaffee* sind nun wieder in den Originalfarben aus der Bauzeit des Hauses Ende des 18. Jhs. gehalten: In einem Raum sind die Wände rosa, im anderen kräftig blau. An Sommertagen ist aber die Terrasse vor der zartgrünen Schindelfassade der verlockendste Platz, um ein Stück von Angelas hausgemachten Kuchen und Torten zu genießen. Ob Rhabarber-Streusel oder Erdbeerquark-Biskuit, sie sind geradezu sündhaft gut ...

Beide Cafés sind nur am Samstag- und Sonntagnachmittag geöffnet.

← Die Traumterrasse des Denkmal an Kaffee

← Wirklich himmlisch: die Torten im Café s'Himmelreich

5 **Café s'Himmelreich • Waltershofer Str. 8, 88299 Leutkirch-Merazhofen • s-himmelreich.de**

6 **Denkmal an Kaffee • Sennereiweg 5, 88167 Gestratz**

Stinkkäserevival
Am Geburtsort des Weißlackers

→ **Die Sennerei Wertach ist der Geburtsort eines echten »Stinkers«**

Der Weißlacker ist ein echter Allgäuer. Im Wortsinn, weil er im Allgäu erfunden wurde, und im übertragenen Sinn, weil er einen eigenwilligen Charakter hat, den man den Allgäuern ja ebenfalls nachsagt. Der weißliche Quader schmeckt und riecht nämlich ziemlich intensiv. Die einen nennen es »würzig«, die anderen »widerlich«. Auf jeden Fall liegt ein Weißlacker nicht lang unbemerkt im Kühlschrank oder in der Küche …

Echte Fans (ihre Zahl ist überschaubar) essen ihn mit Zwiebeln, Essig und Öl angemacht zur Brotzeit. Aber auch für weniger Hartgesottene ist der Weißlacker wichtig: Er gibt nämlich nach Ansicht vieler Einheimischer den original Allgäuer Kässpatzen erst die richtige Würze. Es wäre also eine kulinarische Katastrophe, wenn er nicht mehr produziert würde. Diese Gefahr stand vor ein paar Jahren tatsächlich im Raum. Dann nahm die Allgäuer Hof-Milch in Sonthofen die Produktion auf, als weltweit einziger Hersteller. Bis 2021 die Schönegger-Käsealm die *Sennerei Wertach* übernahm, den Ort, an dem der Weißlacker einst erfunden wurde. Wenn alles gutgeht, soll er ab dem Sommer 2022 am Weißlackerplatz 1 auch im Direktverkauf wieder erhältlich sein.

1874 wollten hier die Brüder Josef und Anton Kramer eigentlich Limburger herstellen. Als sie das Ergebnis aus der Salzlake zogen, war es aber wenig zufriedenstellend. Sie legten es ins Lager, vergaßen es und dachten erst Monate später wieder daran. Und siehe da: Der Käse war nach der langen Reife genießbar und schmeckte ihnen. 1876 bekamen die Brüder dafür sogar ein königliches Patent, womit es sich beim Wertacher Stinkerkäs wohl um den ersten patentierten Käse der Welt handelt. Heute ist »Allgäuer Weißlacker« eine von der EU geschützte Ursprungsbezeichnung.

7 **Sennerei Wertach • Weißlackerplatz 1, 87497 Wertach • schoenegger.com/kaese-almen/wertach/**

19 48
JOSEF KRAMER
*1821+1908
SENNEREI
WERTACH

EINGANG
GARTEN-FÜHRUNG
jeden Freitag
MAI-SEPT 15°° UHR

Bio-logisch
Im Westallgäuer Kräuterparadies

← Im Hofcafé des Kräutergartens gibt's Köstlichkeiten und im Freiluftverkauf ist Selbstbedienung

Eigentlich, sagt Kaspar Schlosser, betreibe er mit seinem Bruder einen normalen landwirtschaftlichen Betrieb. Eine Gärtnerei mit Hofladen, Hofcafé und Veranstaltungen sei schließlich keine ungewöhnliche Kombination. Das stimmt natürlich – andererseits ist der *Kräutergarten Artemisia* ein durch und durch ungewöhnlicher Ort. Nicht nur wegen seiner traumhaften Lage in der Stiefenhofener Hügellandschaft oder wegen seines großen Angebots an Heil-, Gewürz-, Räucher-, Gemüse-, Schmuck- und Wildpflanzen aus Bio-Anbau. Sondern vor allem wegen der inneren Haltung, die das Unternehmen prägt.

Kaspar Schlosser erklärt sie so: »Die Welt, wie wir sie haben wollen, müssen wir selber gestalten. Wir fangen da an, wo wir es tun können.« Zum Konzept gehört daher, dass sowohl die Gärtnerei als auch der große Landschaftsgarten jederzeit frei zugänglich sind. Du darfst im Garten nach Herzenslust spazieren gehen und auch picknicken. Falls dir dort der große Anteil an wild überwucherten Flächen auffällt, liegt das daran, dass hier nicht der ökonomische, sondern der ökologische Wohlstand im Vordergrund steht. In der Gärtnerei und im kleinen »Gemüsekeller« kannst du jederzeit einkaufen, indem du nimmst, was du magst und das Geld in die Kasse legst. Und wenn du nur schauen, aber nichts kaufen willst, ist das auch in Ordnung.

Es lohnt sich aber, während der Öffnungszeiten zu kommen, weil du dann zum einen das große Hofladenangebot (Kräutertees und -essenzen, Gewürze, Räucherwaren, Bücher und noch viel mehr) durchstöbern und zum anderen eines der frisch zubereiteten Mittagsgerichte mit Kräutern und Blüten oder ein Stück Kuchen (auch vegan) genießen kannst. Alles köstlich, alles bio. Logisch!

8 Allgäuer Kräutergarten Artemisia • Hopfen 29, 88167 Stiefenhofen • artemisia.de

Zum Dahinschmelzen
Raclette nach Allgäuer Art

→ **Auf die Frage »Darf's ein bisschen mehr sein?« sagt hier wohl kaum jemand »Nein«**

Kürzer kann der Weg von der Wiese auf den Teller kaum sein. Johann und Andrea Lipp betreiben etwas außerhalb des Dörfchens Rückholz im Ostallgäu einen kleinen Bauernhof mit 20 Kühen. Die stehen vom Frühjahr bis zum Herbst tatsächlich auf der Wiese und bekommen Gras und Heu, aber keine Silage zu fressen, damit ihre Milch keinen müffeligen Beigeschmack bekommt. Die Milch dieser glücklichen Kühe verarbeitet Johann Lipp zu Butter und deftigen Rohmilchkäsesorten, die man direkt am Hof kaufen kann.

Mindestens so glücklich wie die Kühe sind aber die Gäste, die den hauseigenen Käse an einem der Racletteabende in der *Hofkäserei Lipp* genießen können. Bei schönem Wetter sitzt du dann auf der Terrasse mit Bergblick, ansonsten in der gemütlichen Stube, und siehst zu, wie der käsende Bauer seine Erzeugnisse mit gelassener Könnerschaft zum Schmelzen bringt. Viererlei Käsesorten stehen zur Wahl: Hofkäse natur, Käse mit Bockshornkleesamen, mit Kräutern oder mit Chili.

Sobald ein Käse den richtigen Röst- und Weichheitsgrad erreicht hat, gibt Johann Lipp Bescheid: »Jetzt fertig: Natur! – in Kürze: Chili!«. Dann schnappst du dir deinen Teller und lässt dir die warme, wunderbar duftende Käsemasse auf dein bereits angerichtetes Brot, die gekochten Kartoffeln, Silberzwiebeln oder Essiggurken herunterschaben. Unwiderstehlich, dieser Käse!

Du solltest unbedingt jede Sorte probieren, denn wie könntest du sonst deine Lieblingssorte herausfinden? Nach vier Portionen bist du dann vermutlich pappsatt, aber du darfst gerne noch weiter essen. Nur gut, dass Andrea Lipp zum Abschluss noch ein Gläschen Hochprozentiges als Digestif serviert …

9 **Hofkäserei Lipp • Stelle 1, 87494 Rückholz • hofkaeserei-lipp.de**

BIO RAPSÖL
BIO HANFÖL

Kalt gepresst und fein gemahlen

Geht runter, das Öl

Xaver und Sylvia Dopfer sind schon seit Jahren erfolgreich im Ölgeschäft tätig. Genauer gesagt, in der Produktion von kaltgepressten, naturbelassenen Bio-Speiseölen. Sie betreiben nämlich die *Allgäuer Ölmühle* in Kempten. Im Jahr 2004 begannen sie mit der Pressung von Rapsöl auf dem eigenen Hof. Heute erzeugen sie über 20 verschiedene Öle, vom Chiaöl über Hanf- und Leinöl, Oliven- und Schwarzkümmelöl bis zum Würzöl mit Chili oder Zitrone. Dazu kommen etliche Essige und proteinreiche Mehle, die aus dem Presskuchen gewonnen werden, der bei der Ölherstellung als Rest anfällt. Wegen ihres hohen Eiweißgehalts sind die Mehle beliebt bei Veganern und Sportlern.

← Xaver und Sylvia Dopfer setzen auf Handarbeit und hohe Qualität – mit Erfolg!

Dopfers, die zudem noch einen Bio-Bauernhof mit Mutterkuhhaltung betreiben, legen viel Wert auf beste Qualität, Regionalität und Nachhaltigkeit. Sie beziehen daher alle Ölsaaten, die auch in unseren Breiten wachsen (vor allem Raps, Hanf, Leindotter, Kürbis- und Sonnenblumenkerne), von Bio-Bauern aus der Region und haben eine eigene Bayern-Bio-Linie entwickelt.

Die Produktion erfordert noch viel Handarbeit. Wie sie abläuft, kannst du im Rahmen einer Betriebsführung Schritt für Schritt nachvollziehen, vom Öffnen der Ölsaat-Säcke über den Pressvorgang, das Filtern, Abfüllen und Etikettieren bis zum Verpacken – ein spannender Prozess (Termine auf der Website). Im kleinen Werksverkauf auf dem Betriebsgelände kannst du dich mit Öl, Essig, Mehl und kleinen Snacks wie gebrannten Mandeln aus der Dose eindecken. Granatapfelkernöl und Borretschöl etwa kannst du auch äußerlich zur Pflege von trockener, gereizter Haut und Haaren anwenden.

INSIDER-TIPP
Öl, das pflegt

10 **Allgäuer Ölmühle • Heisinger Str. 45, 87437 Kempten • allgäuer-ölmühle.de**

Rebensaft statt Hopfenkraft Allgäuer Wein von weit oben

↓ **Von hier kommt er, der Wein aus dem höchstgelegenen Weinanbaugebiet**

↓ **Armin Gross mit seinem Wein aus Bad Hindelang**

Bier wird im Allgäu praktisch überall gebraut, Wein wird nur an einem einzigen Hang angebaut. Armin Gross ist hauptberuflich Hotelier und nebenher stolzer Eigentümer des höchsten Weinanbaugebiets in Deutschland: Sein »Bergwein« gedeiht an einem sonnigen Südhang in Bad Hindelang auf 860 m Höhe über dem Meeresspiegel. Serviert wird er ausschließlich im *Hotel Prinz-Luitpold-Bad*. Du kannst ihn als Nicht-Hotelgast im hauseigenen Biergarten genießen; der Panoramablick über das Dorf in die Berge ist inklusive.

Zwei Sorten Weißwein gibt es, die eine mit etwas mehr Restsüße. Beide schmecken sehr »sauber« und »dicht«. Kein Wunder: Die Trauben sind buchstäblich handverlesen und der Wein wird nur sehr wenig geschwefelt.

Der Hindelanger Weißwein ist ein wortwörtlich exklusiver Genuss. Weniger wegen des Preises als wegen der geringen Mengen: Die Ernte 2019 ergab gerade einmal 50 l. Ein bisschen vergrößert hat Armin Gross seinen Weinberg noch, aber mehr als 250 l sind auch bei 500 m² Anbaufläche nicht drin. »Ich bin ja Winzling, kein Winzer«, lacht er. Das ist für den Hobby-Weinbauer vor allem eine Zeitfrage, schließlich hat er »nebenher« noch ein 162-Betten-Haus zu managen.

Die ersten Reben hatte er 2008 mehr aus Neugier gepflanzt, nachdem er gesehen hatte, dass in Südtirol auch in sehr hohen Lagen Wein wächst. Die erste Ernte im Jahr 2010 ergab 2,5 kg Trauben und eine Menge Ärger mit der Bayerischen Landesanstalt für Weinbau und Gartenbau, da der Hang am Hotel nicht als Weinbaugebiet genehmigt war. Seit 2018 darf der Wein jedenfalls ganz offiziell verkauft werden. Und du kannst ihn entspannt probieren und genießen.

11 Hotel Prinz-Luitpold-Bad • Andreas-Gross-Str. 7, 87541 Bad Hindelang • luitpoldbad.de

Freistil-Küche
Allgäuer Zutaten kreativ interpretiert

→ Altbekannte Zutaten, neue Kreationen – das freistil. überrascht seine Gäste

Constantin Kiehne hat sein Lokal bewusst »freistil.« genannt: Er nimmt sich die Freiheit, dort seinen ganz eigenen Stil zu verwirklichen. Der gebürtige Westfale und gelernte Koch steht nicht unbedingt für typische Allgäuer Küche, aber aus Überzeugung für Allgäuer Zutaten. »Unsere Küche ist anders, einen Tick innovativer«, erklärt er. Seine Mission: »Wir kochen mit einfachen Zutaten coole Ergebnisse.« Dabei legt er Wert auf Qualität und Regionalität. Daher gibt es bei ihm keinen Kaviar oder Hummer, dafür aber Saibling oder Forelle aus Gunzesried oder dem Lechtal. Überhaupt bemüht sich der *freistil.*-Chef, der auch das gleichnamige Hotel führt, um Nachhaltigkeit. Für dieses Engagement wurde das freistil. als erstes Restaurant im Allgäu mit dem grünen Michelin-Stern ausgezeichnet.

Elitäres Denken ist Kiehne aber fremd. »Hier passen alle her, die Lust auf gutes Essen und einen entspannten Abend haben«, verspricht er. Du kannst dir aus der Menükarte mit insgesamt zwölf Gerichten ein drei- bis sechsgängiges Menü zusammenstellen und dabei nach Lust und Laune Fisch, Fleisch, vegetarische und vegane Gerichte mixen. Oder du bestellst à la carte – auf dieser Karte gibt es auch Einfaches wie ein Wiener Schnitzel. Wobei das fast schade wäre, denn die Menüauswahl ist tatsächlich innovativ und beschert dir so überraschende wie überzeugende Geschmackserlebnisse. Wer hätte gedacht, dass beispielsweise eine gebeizte Bachforelle perfekt mit Staudensellerie und Zitronenverbene harmoniert oder dass Perlzwiebeln und Buchweizen die ideale Ergänzung zum Spitzkohl im Gemüsejus sind? Nachmittags ist im freistil. Cafébetrieb mit süßen Leckereien vom Feinsten – dafür hat Kiehne eigens eine Patissière eingestellt.

INSIDER-TIPP
Kaffeepause am Nachmittag

12 **freistil. • Schweineberg 20, 87527 Ofterschwang • kiehnes-freistil.de**

DER
BIENENKORB

Wo's summt und schmeckt

Essen und shoppen im Bienenkorb

Dieses Lokal macht Bienen und Menschen glücklich. Die Bienen, weil sie auf dem Gelände um die Imkerei-Gaststätte *Der Bienenkorb* jede Menge Futterpflanzen vom Apfelbaum bis zum Wiesensalbei anfliegen können. Die Menschen, weil sie drinnen bestens bekocht werden. Auf der Karte stehen wenige, aber immer frisch zubereitete Gerichte aus vorwiegend regionalen Zutaten. Dazu kommen meist zwei Tagesgerichte, eines davon ist vegan. Auf Zucker wird beim Kochen verzichtet, er wird (z. B. beim Salatdressing) durch Honig ersetzt. Wenn es dich ohnehin eher nach Süßem gelüstet, hast du die Wahl aus mehreren hausgemachten Kuchen, die ebenfalls meist mit Honig gesüßt sind. Der Bienenstich passt nicht nur thematisch bestens, er schmeckt auch super!

← **Andi Haberstock im Bienenkorb, wo allerlei Leckeres serviert wird**

INSIDER-TIPP
Aber bitte mit Sahne!

Markus Würz und Andi Haberstock, die beiden Betreiber des Bienenkorbs, sind begeisterte Imker und betreuen um die 200 Bienenvölker, deren Stöcke zwischen Oberstdorf und Kempten aufgestellt sind. Da sie hinter dem Haus eine Streuobstwiese als »Bienen-Büfett« angelegt haben, ernten sie nicht nur Honig, sondern auch Obst. Dieses verarbeiten sie in ihrer Brennerei zu Hochprozentigem. Außerdem konnten sie Stechrechte für den Gelben Enzian ergattern, aus dem sie ebenfalls Schnaps herstellen. Alle hauseigenen Erzeugnisse werden direkt im Bienenkorb verkauft.

Imkerei und Gaststätte sind zudem in ein Erlebniskonzept eingebettet, das Begeisterung für Bienen wecken will: Du kannst dich auf einem Lehrpfad interaktiv und spielerisch mit diesem so hübschen wie nützlichen Insekt beschäftigen und in der Schauimkerei beobachten, wie Honig geschleudert wird.

13 **Der Bienenkorb • Altmummen 18, 87544 Blaichach • der-bienenkorb.de**

»Ebbas Bsonders«
Deutschlands höchstes Bier

→ **Bernhard Göhl ist ein begeisterter Bierbrauer**

»A Bier braucht an Charakter und a Heimat«, davon ist Bernhard Göhl überzeugt. Beides haben die Biere, die er braut. Ihre Heimat ist die höchstgelegene Privatbrauerei Deutschlands: Das *BernardiBräu* liegt auf 980 m Höhe am Grünten, dem Berg mit dem Beinamen »Wächter des Allgäus«. Den Charakter bekommt das Bier von seinen Zutaten – Wasser aus einer eigenen Quelle, alte Hopfensorten und hauseigene, gut gepflegte Hefestämme – und natürlich von seinem Braumeister. Dabei versteht der sich keineswegs als modischer Craftbeer-Brauer. Von Aromahopfen oder gar von Zutaten jenseits des Reinheitsgebots hält er nichts. »A gescheids traditionelles Bier« will er brauen, aber eben »ebbas Bsonders«, erklärt er. Das gelingt ihm auch: Seine Biersorten schmecken aromatisch und nach jedem Schluck nach mehr.

Verkosten kannst du sie gleich neben dem Sudhaus in der 2019 eröffneten, sehr gemütlichen »Bier-Alp«. Die Küche ist deftig und gut, und zum Kennenlernen der verschiedenen Biersorten gibt es eigens das Probierbrettl mit vier 0,1-l-Gläsern: zum Herantasten das helle Hirtenbier, danach ein hopfiges Märzenbier, ein »rundes« Weizenbier und ein malzig-aromatisches Dunkles. Wenn du dein Lieblingsbier gefunden hast, kannst du es vor Ort auch in Flaschen oder Fässchen zum Mitnehmen kaufen. Probier doch mal das Biereis. Es wird mit BernardiBräu-Bier von der Allgäuer Eismanufaktur hergestellt und schmeckt nach Malz mit einer Honignote.

INSIDER-TIPP
Auch süß und kalt

Donnerstagabends werden unter dem Motto »Bier und Tier« Spareribs gegrillt und es gibt zünftige Livemusik. Samstag ist traditionell Weißwurstfrühstück, sonntags spielen Blechbläser auf. Für fröhliche Stimmung ist in der Bier-Alp also immer gesorgt.

14 **BernardiBräu • Kammeregger Weg 7, 87549 Rettenberg • bernardibraeu.de**

Mein Lieblingstier ist der
ZAPFHAHN
CUBIER LIBRE
APEROL BIER

Immer mittwochs Die schönsten Wochenmärkte

An Markttagen schlägt das Herz der Stadt ein bisschen höher. Die *Wochenmärkte in Kempten und Wangen* sind die größten und schönsten in der Region. Letzteres liegt auch an den Plätzen, auf denen sie veranstaltet werden: In Wangen erstreckt sich der Markt über die halbe Altstadt (Herrenstraße, Marktplatz, Postplatz, Saumarkt und Spitalstraße). In Kempten findet er mit rund 45 Anbietern auf dem Hildegardplatz vor der Basilika St. Lorenz statt. Beide Märkte haben damit einen stilvollen barocken Rahmen für das bunte Treiben. Beide sind lebendige und authentische Wochenmärkte, hier gibt es keinen touristischen Schnickschnack, sondern Frisches und Gutes für bodenständige Genießer.

← Trubel auf dem Wangener Wochenmarkt

← Obststand in Kempten

Angeboten und gekauft wird alles, was die Region hergibt (und noch ein bisschen mehr): Kräuter und Blumen, Obst und Gemüse, Brot und Müsli, Käse und Honig, Fisch, Wurst und Fleisch. Während die Selberkocher volle Körbe und Taschen davontragen, bildet sich in Kempten gegen Mittag eine Schlange von erwartungsvollen Vor-Ort-Essern vor dem Kässpatzenwagen und dem Bratwurststand. Du kannst also ruhig hungrig auf den Markt gehen – hier schmeckt's schon morgens deftig und gut. Die Kemptener treffen sich nach dem Marktbesuch gern noch auf einen echt italienischen Cappuccino bei Mario *(cucina-toscana.de)*.

INSIDER-TIPP
Italienisches Finale

In Wangen mischen sich dagegen Marktstände und Caféplätze auf das Verlockendste, sodass ein Kaffee oder ein kleiner Imbiss praktisch zum Einkauf dazugehört. Wenn man nicht gleich zum Fidelisbäck abbiegt – um dort einen Leberkäs zu verspeisen …

15 **Wangener Wochenmarkt • Marktplatz Mi 8–13 Uhr, 88239 Wangen • wangen.de**

16 **Kemptener Wochenmarkt • Hildegardplatz / Markthalle am Königsplatz, Mi und Sa 7–13 Uhr, 87435 Kempten • kempten.de**

Kunst & Kultur! Zum Gucken. Zum Machen. Zum Mitmachen. Und manchmal auch zum Kaufen. Im Museum oder an der frischen Luft. Wo das ganze Jahr Weihnachten ist und wo du in eine Traumwelt eintauchst. Wo du im Park malen oder in den Bergen jodeln lernst. Hier gibt's jede Menge kreativen Input!

Die kreativen Orte

Kunst & Kultur von gediegen bis hip

Hol dir ’nen Korb! Flechten mit Annette Rehle

→ **Annette Rehles Flechtrepertoire ist riesig – was auch ihr Verkaufsraum zeigt**

Früher war das Flechten von Körben aus biegsamen Weidenruten eine typische Winterbeschäftigung der Allgäuer Bauern. *Annette Rehle* hat es in ihrer Jugend von einem alten Korbflechter gelernt und über Jahrzehnte ihren eigenen Stil entwickelt. Heute ist die gelernte Floristenmeisterin und Arbeitstherapeutin eine der wenigen selbstständigen Korbflechterinnen in der Region. Sie fertigt klassische Holz- oder Einkaufskörbe, außerdem kreative Dekoobjekte, Rankhilfen für Pflanzen und nachhaltige Flechtelemente, die als Sicht- und Windschutz im Garten dienen. Hocker, Stühle, Schranktüren, lebende Zäune … – o. k., eigentlich gibt es kaum etwas, was Annette nicht flechten kann.

Beim Stöbern in ihrem Verkaufsraum gerät man ins Staunen, wie vielseitig ihre Flechtkunst ist und welch außergewöhnliche Farben die individuellen Stücke haben – kein Vergleich mit den Standardkorbwaren aus dem Supermarkt im Einheitsbeige. Geschälte Weide ist nämlich viel einfacher zu verarbeiten. Aber bei Weitem nicht so schön.

Hast du Lust darauf, das uralte Korbflechterhandwerk mal selbst auszuprobieren? Glücklicherweise liebt Annette Rehle es, ihr Wissen weiterzugeben. Du kannst dich in ihrem Atelier in einem Halbtageskurs an einem Dekoelement versuchen oder sogar in einem Zwei-Tages-Kurs deinen ganz persönlichen, »richtigen« Weidenkorb flechten. Hauptsaison für die Flechtkurse ist November bis Mai. Im Sommer ist die Korbflechterin viel auf Märkten und Ausstellungen unterwegs. Gruppenkurse gibt sie ab vier Personen (da die Weidenruten vor dem Verarbeiten ein paar Tage eingeweicht werden müssen, solltest du frühzeitig anfragen). Die Termine für offene Kurse stehen auf der Website.

1 **Annette Rehle • Natur in Form • Reuteweg 5, 87544 Blaichach-Ettensberg • natur-in-form.de**

Kunst liegt rum
Auf den Westallgäuer Skulpturenwegen

Kunstwerke findet man nur im Museum? Von wegen! Im Westallgäu gibt es gleich zwei Skulpturenwege, die zeitgenössische Werke von Künstlern aus der Region buchstäblich mitten in die Landschaft stellen – oder zumindest an den Wegesrand. Du spazierst durch das liebliche Hügelland, entdeckst eine Skulptur nach der anderen und stellst fest, dass sie gleichzeitig einen Kontrast und eine Ergänzung zur Landschaft bilden: Die Landschaft wirkt durch die Werke noch reizvoller, die Werke wirken inmitten der natürlichen Umgebung noch intensiver. Du kannst sie in aller Ruhe auf dich wirken lassen – anders als im Museum gibt es keine Öffnungszeiten und kein Gedränge.

← Kunst am Wegesrand: Skulpturenweg Karsee und Maierhöfen

Der *Skulpturenweg in Maierhöfen* bei Isny ist etwa 5 km lang und sowohl landschaftlich als auch künstlerisch abwechslungsreich: vom Dorfrand ins Hügelland, von der hölzernen Wanderbank zum Gesamtkunstwerk aus Stelen, Landschaft und Text. Nach der Runde hast du dir eine Pause im Gastgarten des Naturlandhauses Krone in Maierhöfen, gleich neben der Kirche *(www.naturlandhaus-krone.de/)*, verdient.

Der *Skulpturenweg Karsee* im gleichnamigen Ort bei Wangen ist mit 1,5 km deutlich kürzer. Er führt rund um den kleinen See und durchs Dorf und wartet mit einigen recht ungewöhnlichen Werken auf. Ein Hingucker ist der Wagen mit den Fischskeletten am Ortseingang – das Werk des Amtzeller Künstlers Thomas Linder trägt den passenden Namen »Kommen und Gehen«.

Beide Wege sind gut beschildert und leicht begehbar (auch mit Kinderwagen).

2 Skulpturenweg Maierhöfen • 88167 Maierhöfen • vg-argental.de/seite/309118/skulpturenweg.html

3 Skulpturenweg Karsee • 88239 Wangen • skulpturenweg.info

Hart, aber herzlich
Steinkunst in Untermaiselstein

→ **Die Herrin der Steine: Sabine Stiefenhofer im Verkaufshäusle**

Sabine Stiefenhofer liebt Steine schon seit ihrer Kindheit. Früher spielte sie mit Flusskieseln, heute verarbeitet sie sie zu dekorativen Säulen, Brunnen, Kerzenhaltern, Vasen und sogar zu Schmuck. Das Arbeiten mit ihrer großen Steinbohrmaschine erfordert Geduld, Konzentration, Fingerspitzengefühl und ganz schön viel Kraft, die man dieser zierlichen Person gar nicht zutrauen würde. Gern kombiniert sie Steine mit Schwemm- oder Altholz zu ausgefallenen Werken. Überwiegend verkauft sie die Arbeiten der *Usteiner Steinkunst* mit ihrem Mann Werner auf Kunsthandwerker- und Weihnachtsmärkten – du kannst deine Auswahl aber auch im »Verkaufshäusle« in ihrem Garten treffen (nach Terminvereinbarung).

Steinsäulen liegen Sabine Stiefenhofer besonders am Herzen. Mit einer selbst gebauten Steinsäule fing ihre künstlerische Tätigkeit einst an – das Werk steht noch heute vor ihrer Haustür.

Wenn du ein ebenso individuelles Stück haben möchtest, kannst du es in Sabines Garten selbst zusammenstellen: Sie hat immer eine Kiste mit vorgebohrten Steinen vorrätig, aus denen du nach Herzenslust auswählen und die Steine auch selbst auffädeln kannst. »Besonders schön finde ich es, wenn eine Familie kommt, jeder seine Lieblingssteine aussucht und am Ende eine ganz persönliche Familiensäule entsteht«, sagt die Herrin der Steine. Die Säule kann übrigens auch ein Zimmerbrunnen werden.

INSIDER-TIPP **Herzenssteine**

Hast du selbst Lieblingssteine zuhause? Bring sie mit und lass sie nach deinen Wünschen verarbeiten.

4 Usteiner Steinkunst • Am Pfaffenbichl 26, 87549 Rettenberg-Untermaiselstein • usteiner-steinkunst.de

nkunst

Von Helden und Bergen Ur-Uropas Fotoschätze

→ **Faszinierende Zeitreise mit der Edition Heimhuber, geführt von Magdalena und Claudia Heimhuber**

Bei manchen Bildern stockt einem der Atem: Ein Mann macht einen langen Schritt über den Abgrund zwischen zwei schroffen Felszacken. Ein Anderer steht hoch oben auf einer Felsnadel und blickt sinnend hinab. Moderne Ausrüstung? Sicherung? Keine Spur! Die spektakulären Hochgebirgsaufnahmen in Schwarz-Weiß stammen nämlich aus einer Zeit, in der Bergsteiger wagemutige und ein bisschen »gspinnerte« Pioniere in gestrickten Strümpfen und pludrigen Wollhosen waren.

Zu sehen sind sie im *Fotohaus Heimhuber* in Sonthofen. Im Haus befindet sich eine kleine Galerie, deren Besuch gratis ist.

Magdalena Heimhuber führt das Familienunternehmen mit Unterstützung ihrer Mutter Claudia in der mittlerweile fünften Generation. Gegründet hat es ihr Ur-Uropa Joseph Heimhuber im Jahr 1877. Er verdiente sein Geld vorwiegend mit Portraits, zog aber mit viel Begeisterung, einer klobigen Kamera, empfindlichen Glasplatten, diversen Chemikalien, einem Dunkelkammerzelt und mehreren Trägern für all diese Utensilien in die Berge der Umgebung, um dort Aufnahmen zu machen. Damit brachte er es zu einiger Berühmtheit und zum königlich-bayerischen Hoffotografen. Seine Söhne eiferten ihm nach und füllten das Familienarchiv u. a. mit Bildern der ersten Skitourengeher im Allgäu.

Heute tragen die Archivbilder unter dem Namen »Edition Heimhuber« das Familienunternehmen. Du kannst die historischen Aufnahmen vor Ort oder im Onlineshop auf Leinwand, Acryl oder Dibond als Wandbild erwerben, sie zieren aber auch Kissen, T-Shirts, Rucksäcke, Leuchtboxen, Tassen und Caps.

5 **Fotohaus Heimhuber • Bahnhofstr. 1, 87527 Sonthofen • fotohaus-heimhuber.de**

Gib dir die Kugel!
Glasbläsern über die Schulter schauen

→ **Wunderbare Glaskugeln – Glasbläserin Katharina Hagl zeigt, wie sie entstehen**

Mit einem rot glühenden Batzen auf einem Metallrohr fängt alles an. Er wird gedreht und in Farbsplitter getaucht, wieder in den Ofen geschoben, erneut in die Farbe gesteckt, wieder gedreht, bevor das eigentliche Glasblasen beginnt und das glühende Glas sich schließlich in eine filigrane Gartenkugel mit apartem Streifenmuster verwandelt. Es sind etliche Arbeitsschritte und vor allem sehr viel Können und Erfahrung erforderlich, bis eine Kugel im »Warmhalteofen« landet, wo sie erst bei 500 °C ruhen und dann bis zum nächsten Morgen langsam abkühlen kann. Wie das Schritt für Schritt geschieht, kannst du in der historischen *Glashütte in Schmidsfelden* live verfolgen. Sieh zu und staune!

Im kleinen Shop nebenan findest du eine Auswahl an Unikaten: Trinkgläser, Karaffen, Vasen, Lampen, Dekoobjekte, Schmuck und natürlich Gartenkugeln in den verschiedensten Farben. Wie praktisch, dass im (kleinen) Eintritt für die Glashütte mit Museum gleich ein Einkaufsgutschein enthalten ist …

Im nächsten Haus befindet sich das *Glasstudio* von Gabriele und Charly Hummel. Sie sind spezialisiert auf Glasperlen, Murmeln und Schmuck. In ihrem Shop findest du auch Schals, Taschen und andere Accessoires. Im Glasstudio kannst du im Mitmachworkshop selbst eine kleine Kugel blasen (Voranmeldung!).

INSIDER-TIPP
Kräftig pusten, bitte!

Außerdem gibt es im Glasmacherdorf eine kleine Kapelle mit hübscher Rokokoausstattung und das ehemalige Glasmagazin zu besichtigen. Die frühere Remise beherbergt ein Café mit gutem Kaffee und hausgemachten Torten *(remise-burgkaffee.de)*.

6 **Glas:Schmidsfelden • Schmidsfelden 9, 88299 Leutkirch • www.schmidsfelden.net**

7 **Glasstudio im Oberhaus • Schmidsfelden 15, 88299 Leutkirch • glasstudio-schmidsfelden.de**

Museum

Jaouilajaoui!
Echtes Jodeln lernen, ohne Diplom

Dieser Jodlerkurs hat mit Loriot rein gar nichts zu tun – und nein, am Ende gibt es auch kein »Jodeldiplom«. Wenn du mit *Loni Kuisle* zum Wandern und Jodeln unterwegs bist, bekommst du etwas ganz anderes: Einen Zugang zu deiner »Urstimme« und eine Ahnung davon, dass mehr in dir steckt, als du dachtest. Du brauchst dazu keinerlei musikalische Begabung oder Vorbildung, nur die Bereitschaft, dich auf etwas Neues einzulassen – etwas Neues, das eigentlich etwas sehr Altes ist. Jodler sind nach Lonis Überzeugung nämlich Ur-Laute, die in jedem Menschen schlummern und die seit jeher von Hirten eingesetzt wurden, um nach ihren Tieren und anderen Menschen zu rufen. Jodeln ist für sie Spielen mit der Stimme und das Jodeln und Singen sind die Sprache der Seele.

← Für Loni Kuisle ist Jodeln die Sprache der Seele

Jodeln ist also etwas sehr Individuelles, aber nichts, was jeder für sich allein macht. Sobald du deine ur-eigene Stimme beim Einsingen gefunden hast, übt ihr nämlich in der Gruppe ein paar gemeinsame Jodler ein. Je nachdem, wer alles mit dir unterwegs ist – »jeder Kurs klingt anders«, sagt Loni –, jodelt ihr am Ende zwei-, drei- oder vierstimmig in der freien Natur. Und weil Loni findet, dass wirklich alle Sinne beteiligt sein sollen, gibt es bei jeder Jodlerkurs-Wanderung eine gemeinsame Einkehr.

Du wirst überrascht sein, wie schnell aus einer Gruppe von Fremden eine buchstäblich harmonische Gemeinschaft wird und wie viel Freude das macht. Oder, um es mit Lonis Worten zu sagen: »Danzet und singet, das ist für euer Wohlbefinden und eure Seele das Allerbeste!«

8 **Loni Kuisle • Hintersteinerstr. 18, 87541 Bad Oberdorf • jodlerkurs.de**

EigenARTig
Kunst und Kram im Kutschenmuseum

Dieser Ort lässt niemanden kalt. Was für die einen eine krude Ansammlung von Kitsch und Krempel ist, ist für andere eine fast magische Traumwelt, in die sie mit kindlicher Begeisterung eintauchen. Martin Weber hat mit seinem *Kutschenmuseum* unweit des Bergdorfs Hinterstein auf jeden Fall ein ungewöhnliches Ensemble erschaffen. Seinen Namen verdankt es den alten Kutschen, in denen Schaufensterpuppen und andere menschliche Figuren aufwendig inszeniert sind. Sie stehen in drei Gebäuden, aber auch in mehreren Unterständen über das Gelände verteilt. Umgeben sind sie von lebensgroßen Plastiken von Pferden und Hirschen, einem riesigen Stier sowie Türen, Leuchtern, Krügen,

↓ **Das Kutschenmuseum ist ein wahrhaft merkwürdiger Ort**

Vasen, Körben, Blumentöpfen, Bilderrahmen, Wagenrädern, Steinsäulen, Kunstblumen, Webteppichen, Zinntellern und weiterem Zierrat. Mittendrin ist eine kleine Mariengrotte aufgebaut, auch Heiligenfiguren, Putten und Wegkreuze wirst du finden.

Nimm dir unbedingt Zeit, das Innere der drei Gebäude zu erkunden. Du betrittst dort eine eigenartige Schattenwelt. Beim »Waldrundgang« in einer der Hütten begegnet dir ein Pelz tragendes Trio in einer Kutsche, das von einem ausgestopften Fuchs beäugt wird. Noch skurriler ist die »Weihnachtshütte«, in der dich u. a. ein trist blickendes Hochzeitspaar in einer Kutsche, ein ausgestopfter Bär und eine Gämse inmitten üppiger Weihnachtsdeko erwarten. Ob dir diese Sammlung gefällt oder nicht, sie zu erkunden ist ein Erlebnis, das du nicht so schnell vergessen wirst!

Zu erreichen ist das Kutschenmuseum nur zu Fuß (von Hinterstein aus ausgeschildert). Es ist täglich von 8 bis 20 Uhr geöffnet und kostenlos. Eine Spendenbox steht in der Weihnachtshütte.

9 Kutschenmuseum Hinterstein • Guferwald, 87541 Hinterstein • hinterstein.de/unser-dorf/erleben/kutschenmuseum/

»Immer in die Vollen«
Beim Pinseln im Park

← **BaumART macht's möglich: Kunst im Park**

Denkmalgeschützte Bäume als Staffeleien zu nutzen – darauf muss man erst einmal kommen. Die Kunsttherapeutin Anette Nöß hatte diese Idee für ihren Malworkshop *BaumART*, der im kleinen Pfrontener Kurpark stattfindet. Du darfst dir einen Baum aussuchen, an den tackert Anette dann die Leinwand. Nach einer kurzen Einweisung in den Umgang mit den Farbpigmenten greifst du zu Graphitstift und Kreide, Pinsel und Pigmentglas und legst los. Dabei brauchst du keine besondere zeichnerische Begabung und auch keinerlei Malerfahrung. Frei nach Anettes Ansage: »Es gibt kein ›richtig‹, es gibt kein ›falsch‹, es gibt nur: ›Das will ich jetzt!‹«

Schon das Anrühren der Farben – neben »echten« Künstlerbedarf-Pigmenten stehen beispielsweise Kurkuma, Blütenpollen und Pfrontener Steinmehl zur Verfügung – ist ein Vergnügen. Und es muss nicht gespart werden: »Immer in die Vollen, lautet die Devise«, lacht die Kunsttherapeutin. Übriges angerührtes Pigment können die anderen Baumkünstler nach Lust und Laune verwenden oder sie lässt es eintrocknen und zu Kreide werden.

Das Malen mit Stift, Kreide, Pinsel, Schwamm und Händen ist auf den Rindenstrukturen erst einmal gewöhnungsbedürftig. Aber nach und nach entsteht, teils aus bewussten Ideen, teils aus intuitivem Impuls, tatsächlich ein Gemälde am Baum.

Bei manchen stellt sich zwischendrin Frust am Werk ein, aber das kennt Anette Nöß schon. »Malt einfach weiter, so lange, bis ihr zufrieden seid«, rät sie. Malen ist für sie wie ein Gespräch mit sich selbst. Und ein bisschen sprechen der Bergahorn, die Buchen und Eschen wohl auch mit. Am Ende des Workshops wirst du auf jeden Fall ein ganz besonderes Bild von der Borke ab- und mit nach Hause nehmen.

10 **BaumART – vom Baum zum Kunstwerk • Kurpark, 87459 Pfronten • pfronten.de**

Mehr als Popcorn und Blockbuster
Cineastentraum im Denkmal

→ **Filmburg: Nostalgie und neueste Technik**

Der Name »filmburg« passt eigentlich überhaupt nicht. Von außen erinnert das inzwischen denkmalgeschützte Gebäude von 1956 eher an ein (Raum)Schiff. Damals war es höchst modern, heute wirkt der plüschige Saal mit den abgenutzten Samtsesseln nostalgisch. Die Technik ist aber auf dem aktuellen Stand, darauf legt Monika Schubert Wert. Sie hat die zuvor pleitegegangene und stillgelegte *filmburg* im Jahr 2000 wieder belebt und zeichnet seitdem für das Programm verantwortlich. Dazu gehören neben Filmen auch Theateraufführungen, Kabarettabende, Konzerte und literarische Salons. Gern lädt sie zu Premieren oder anderen besonderen Vorführungen Gäste zum Filmgespräch ein.

Doris Dörrie und Leo Hiemer waren schon zu Gast, Autoren wie Rafik Schami, Sumaya Farhat-Naser und Asta Scheib, der Kabarettist Maxi Schafroth und die unterschiedlichsten Musiker, vom Harald Rüschenbaum Jazz-Orchester über Max Greger jun. bis hin zu mongolischen und afghanischen Gruppen.

Marktoberdorf verdankt dieser rührigen Theaterfrau also vielfältige kulturelle Impulse. Nicht umsonst räumt sie seit 2008 eine Auszeichnung nach der anderen ab. Allein die bayerische Filmtheaterprogrammprämie für ein qualitativ herausragendes Kinoprogramm erhält sie seit 2004 zuverlässig jedes Jahr.

Wenn Kino für dich mehr als Blockbuster mit Popcorn bedeutet und du offen für Arthouse und gesellschaftlich Relevantes bist, bist du in der filmburg genau richtig. Und wenn du nach dem Kulturabend noch einen Drink möchtest, sind es nur ein paar Schritte zum KonterKaffee *(konterkaffee.de)*.

INSIDER-TIPP **Kino-Absacker**

11 **Filmburg – Das Theaterkino • Gschwenderstr. 7, 87616 Marktoberdorf • filmburg.de**

Weihnachten das ganze Jahr Die Krippenstadt Mindelheim

In Flipflops und Sommerkleid dem Christkind begegnen? Das geht, denn ein bisschen weihnachtet es in Mindelheim immer: Das *Schwäbische Krippenmuseum* präsentiert seine Schätze das ganze Jahr über. Darunter sind nicht nur Weihnachtskrippen der unterschiedlichsten Stilrichtungen und aus verschiedenen Materialien, sondern auch zwei spektakuläre Jesuskind-Figuren.

← In Mindelheim gibt's Weihnachtsgefühle rund ums Jahr

Die eine wirkt etwas unbeholfen, aber anrührend; denn Jesus steckt, wie Kleinkinder das halt so machen, seinen Zeh in den Mund. Aber jetzt kommt die eigentliche Sensation: Bei jüngeren Forschungsarbeiten stellte sich heraus, dass die Figur aus der ersten Hälfte des 14. Jhs. stammt und damit das älteste Jesuskind der Welt ist! Das zweite wertvolle Stück ist ein properes Kerlchen mit roten Locken, das bei den Einheimischen auch »das Millionenbüble« heißt – um diese Summe wurde es versichert, weil es um 1500 herum vom Ulmer Künstler Michel Erhart gefertigt wurde.

Wenn du einen Bummel durch den barocken Stadtkern machst, solltest du noch einen Blick in die Parkhaus-Passage werfen. Mittendrin steht nämlich eine weitere Krippe, die fast das ganze Jahr über besichtigt werden kann. Die Szenerien wechseln mehrmals jährlich, aber immer ist das »segnende Jesulein« zu sehen. Wirf eine Münze in den Einwurfschlitz vor der Scheibe. Dann gehen Licht und Musik an und das Jesuskind fährt aus seinem Häuschen. Die Spieluhr ist über 100 Jahre alt!

INSIDER-TIPP **Segen gegen Bares**

Und solltest du von Krippen einfach nicht genug kriegen, dann komm im Advent in die Stadt, denn dann sind in den Kirchen weitere historische Krippen aufgebaut.

12 Schwäbisches Krippenmuseum • Hermelestr. 4, 87719 Mindelheim • mindelheim.de/kultur-museen

Früher Burg, heute Bühne Freilichtkultur auf der Burghalde

→ **Bereit für den Auftritt – das Stück kann beginnen!**

Die Burghalde in Kempten punktet mit Romantik und Geschichte, auch wenn die Freilichtbühne im nahen Altusried spektakulärer ist. Auf dem Felssporn über der Altstadt lag einst ein römisches Kastell, das dem Schutz des spätantiken Cambidanum vor den Alamannen diente. Im 13. Jh. ließ der Fürstabt dort eine Burg errichten, die über die Jahrhunderte weiter ausgebaut, 1705 aber im Zuge des Spanischen Erbfolgekrieges geschleift wurde. Schon im 19. Jh. fanden auf der *Burghalde* Feste und Aufführungen statt, 1950 wurde die große Freilichtbühne gebaut.

Seit vielen Jahren finden dort ab dem letzten Freitag im Juli die Kemptener Filmnächte statt. Wenn das Wetter mitspielt, ist das ein einmaliges Kinoerlebnis: mit riesiger Leinwand und moderner Technik unter freiem Himmel und umgeben von alten Bäumen.

Seit 2018 gibt es im Juli und August wieder Theater auf der Burghalde: Der Märchensommer Allgäu bringt bekannte Stücke als modernes Mitmachtheater mit viel Musik für Familien mit Kindern zwischen vier und zwölf Jahren auf die Freilichtbühne. 2021 wurden (pandemiebedingt) auch Stücke für Erwachsene gespielt. Diese Ausnahme soll zukünftig zur Regel werden. Da es keine Platznummern gibt, lohnt es sich, früh zu kommen, um den Wunschsitzplatz zu ergattern.

INSIDER-TIPP
Früher Vogel …

Zum gelungenen Kino- oder Theaterabend gehört die entsprechende Verpflegung. Die bekommst du im kleinen Biergarten auf der Burghalde. Und wenn die Kinder sich vorab noch etwas austoben wollen, können sie das auf dem schönen Ritterspielplatz gleich neben dem Biergarten ausgiebig tun.

13 **Burghalde • 87435 Kempten • kinokempten.de / maerchensommer-allgaeu.de / theaterinkempten.de**

Der gute Ton Altes Töpferhandwerk neu interpretiert

Tradition und Innovation sind im Allgäu kein Widerspruch, sie gehen oft fruchtbare Verbindungen ein. Bereits das Atelier und der Ausstellungsraum der Keramikerin Sophie Mische zeugen davon: Sie liegen in der früheren Tenne des alten Bauernhauses Busche Berta in Ofterschwang. Dort interpretiert die junge Künstlerin klassische Formen wie Kässpatzenschüsseln, Brottöpfe, Tassen und Krüge zeitgemäß, mit frischen Farben und fröhlichen Motiven wie Edelweiß, Berggipfeln und Kühen. Außerdem fertigt sie ausgefallene Lampenschirme und lustige Zaunfiguren – toll als Mitbringsel oder als Geschenk für dich selbst. Neben ihrer Töpferei *s'Alpgfihl* gibt es im traditionsreichen Haus Busche Berta auch Führungen, Ausstellungen und andere Veranstaltungen (Termine auf *busche-berta.de*).

← Sophie Mische interpretiert klassische Formen neu …

← … und Antje Zipf bevorzugt einen witzig-verspielten Stil

Einen ganz anderen, witzig-verspielten Stil hat die Keramikmeisterin Antje Zipf entwickelt, die im ältesten Haus Immenstadts lebt und arbeitet. Ihre *Lieblingskeramik* entsteht in einer anspruchsvollen Technik, der heute selten gewordenen Unterglasurmalerei auf Steinzeug. Zarte Blüten oder Motive aus Hobby und Beruf schmücken ihre Teller und Tassen, auf den Henkeln finden kleine Tiere und auch mal eine freche Hexe Platz. Daneben finden sich Spieluhren und lustige, tierfreundliche »Trophäen«: Statt eines präparierten Hirschkopfes kannst du dir einen allerliebst bemalten Kuh- oder Eselskopf an die Wand hängen. Antje Zipf töpfert dir auf Wunsch auch eine Trophäe deiner Katze oder deines Hundes – ein Foto als Vorlage genügt!

INSIDER-TIPP
Portrait mal anders

14 **s'Alpgfihl • Panoramaweg 3, 87527 Ofterschwang • alpgfihl-ofterschwang.de**

15 **Lieblingskeramik Antje Zipf • An der Aach 8, 87509 Immenstadt • lieblingskeramik.de**

Klasse, Genossen!
Genießen, schauen, shoppen

→ **Der Dorfladen bildet den Zugang zu den Manufakturen**

→ **Florian Goroll stellt in seiner Brennerei Gin her**

In der Allgäuer Genussmanufaktur findest du nur Handgemachtes – und die Menschen, die es herstellen. Unter dem Dach einer früheren Brauerei versammeln sich im Dorf Urlau als »Genusserzeuger« eine Kaffeerösterei und eine Bäckerei, eine Gin-Destille und ein Käse-Veredler, eine Ölmühle, eine Schnupftabak-Manufaktur und – natürlich – eine kleine Brauerei. Ein Café und einen Dorfladen gibt es auch noch; verkauft werden im Laden nur Produkte, die aus einem Umkreis von 75 km stammen.

Dazu kommen die Kunsthandwerker, die zwar nichts Genießbares, aber dafür Schönes und Nützliches herstellen: Die Sattlerin Petra Kloos fertigt Individuelles aus Leder, Stefanie Jacobi webt Seidenschals, Geschirrtücher und Gewänder, Lyn Pöschel fertigt auf ihrer Töpferscheibe elegante Gebrauchskeramik, die Goldschmiedin Sabine Wieler gestaltet kostbare Unikate aus Gold, Silber und Edelsteinen ... und das sind noch lange nicht alle!

INSIDER-TIPP
Pausenraum zum Schmökern

Mindestens zwei Drittel der Kunsthandwerker sind jeweils vor Ort, du kannst also zusehen, wie sie arbeiten, mit ihnen ins Gespräch kommen und direkt bei ihnen einkaufen. Betrieben wird die *Allgäuer Genussmanufaktur* übrigens von einer Genossenschaft, an der vorwiegend Bürger aus der Region beteiligt sind. Der Besuch kostet einen kleinen Eintritt, damit die Mieten für die Handwerker niedrig gehalten werden können. Lust auf ein Päuschen? Dann zieh dich in die riesige Bibliothek im 2. Stock zurück, hier ist Schmökern erlaubt. In der Bibliothek finden manchmal auch Ausstellungen und Kleinkunstabende statt (Termine auf der Website).

16 **Allgäuer Genussmanufaktur • Brauereiweg 3, 88299 Leutkirch-Urlau • allgaeuer-genussmanufaktur.de**

AUFZUG
zu den Manufakturen

DEUTSCHES HUTMUSEUM KULTURFABRIK

Gut behütet
Modegeschichte in Lindenberg

Schade eigentlich, dass Hüte heute ziemlich out sind. Dabei waren sie jahrhundertelang ein selbstverständliches Accessoire, ohne das niemand das Haus verließ, der etwas auf sich und sein Äußeres hielt. Der gepflegte Mann trug im Sommer einen Strohhut, und der kam wahrscheinlich aus Lindenberg im Westallgäu. Dort befand sich nämlich über 100 Jahre lang das Zentrum der deutschen Herrenstrohhutfertigung mit über 30 Herstellern.

← Im Deutschen Hutmuseum erfährst du alles über dieses Modeaccessoire

Bis diese Kopfbedeckung nach dem Ersten Weltkrieg aus der Mode kam und Damen-Filzhüte aus Lindenberg der letzte Schrei wurden. Auch an Leder und Pelz versuchte man sich und später am angesagten Dralon. Aber ab den 1960er-Jahren verabschiedete sich die Mode vom Hut und im Städtchen musste eine Fabrik nach der anderen die Produktion einstellen.

Nur eine hat ihre Tore heute noch geöffnet: In der ehemaligen Hutfabrik Ottmar Reich kannst du das *Deutsche Hutmuseum* besichtigen. Die Dauerausstellung nimmt zwei Etagen des stattlichen Gebäudes von 1923 ein. Der Rundgang durch die Stadt- und Modegeschichte ist anschaulich und mit etlichen Mitmachstationen gestaltet. Du kannst alte Fotos, moderne Filme und natürlich jede Menge Hüte ansehen; es gibt sogar sprechende Exemplare, die dir die Geschichte ihrer Träger erzählen. Außerdem kannst du dich am Strohflechten oder an der Haubenpresse versuchen (ganz schön schwer!) und natürlich auch Hüte anprobieren.

Das ehemalige Kesselhaus der Hutfabrik beherbergt heute ein sehr cooles Restaurant mit Bar, in dem abends Partys, Konzerte und andere Events stattfinden *(kesselhaus-lindenberg.de)*.

INSIDER-TIPP
Party in der Fabrik

17 Deutsches Hutmuseum • Museumsplatz 1, 88161 Lindenberg • deutsches-hutmuseum.de

Und: Action! Auf dem Wasser, zu Lande oder in der Luft. Ob kleine Mutprobe, sportliche Spitzenleistung oder einfach mal aufs Spaß-pedal treten: Tob dich aus, sei wild, und zeig, was in dir steckt!

Die wilde Seite

Gas geben und Spaß haben von sportlich bis mutig

Abseilen und auftauchen Canyoning in der Starzlachklamm

→ Gut gelaunt hinein in die Starzlachklamm

Buchstäblich von Grund auf durchwandern kannst du die Starzlachklamm bei Sonthofen. Wobei »Wandern« für diese sportliche Betätigung nicht ganz die richtige Bezeichnung ist: Beim Canyoning kletterst du in die Schlucht hinunter, seilst dich über steile Felswände ab, springst oder rutschst ins Wasser und durchschwimmst auch mal eine Passage. Das ist Outdoor-Action und Adrenalin pur! Dafür brauchst du eine gewisse Grundfitness, du solltest sicher schwimmen können und du musst die richtige Ausrüstung haben. Und (nicht nur) für Canyoning-Neulinge empfiehlt es sich, mit einem Guide, z. B. von *Bergwasser*, *Blue River Canyoning* oder den *Canyonauten*, unterwegs zu sein.

Die Klamm eignet sich besonders gut dafür, diesen Extremsport auszuprobieren. Sie bietet einiges an Abwechslung – Klettern, Rutschen, Springen –, du kannst aber jederzeit aussteigen, wenn es dir zu wild wird. Überwindung kostet es nämlich schon, aus 5 m Höhe ins Wasser der Starzlach zu springen oder die 18 m lange Felsenrutsche in die Gumpe an ihrem Ende hinunterzusausen. Traust du dich? Mit guten Guides und guten Nerven kriegst du das schon hin. Der Guide Joachim Riegger von Blue River Canyoning hat jedenfalls nur Gutes über die Starzlachklammtour zu sagen: »Sie ist nicht so lang und technisch nicht zu anspruchsvoll, aber der Fun-Faktor ist sehr hoch!« Und das für fast jede Altersgruppe: Rieggers jüngster Teilnehmer war neun Jahre alt, die älteste 70 ...

1. **Bergwasser • Wengen 1a, 87534 Oberstaufen • canyoningallgäu.de**
2. **Blue River Canyoning • Hausbachstr. 7, 88171 Weiler-Simmerberg • blueriver-canyoning.de**
3. **Die Canyonauten • An der Eisenschmelze 14, 87527 Sonthofen • canyonauten.de**

Vade Retro
Vade Re

SPREU BOOTE

Echte Spritztour
Rafting auf der Iller

Vergiss die Erinnerung an beschauliche Nachmittage im Schlauchboot auf dem Badesee: Beim Raften sitzt du zwar auch in einem Schlauchboot, aber das war es dann auch schon mit der Ähnlichkeit. Denn die Iller ist zwischen Oberstdorf und Immenstadt ein Gebirgsfluss mit ordentlicher Strömung, Stromschnellen und kleineren Wehren. Nicht zu vergessen die Felsen, Kiesbänke und Brückenpfeiler, die es flott zu umpaddeln gilt. Die Fahrt im Rafting-Canadier (für zwei Personen) oder Sit-on-Top Kajak ist ein wilder Ritt übers schäumende Wasser – und ein Riesenspaß für abenteuerlustige Wasserratten. Wenn du es nicht ganz so abenteuerlich magst, kannst du bei einer geführten Raftingtour auf einem größeren Schlauchboot mitfahren, das von einem Guide gesteuert wird.

← Rafting ist eine ziemlich feuchte Angelegenheit – macht aber mächtig Spaß

Ansonsten gibt es nach dem Anlegen von Neoprenanzug, Schwimmweste und Helm eine kurze Einweisung durch Mitarbeiter von Anbietern wie *MAP-Erlebnis.de*, *Outdoor Zentrum Allgäu* oder *Spirits of Nature*. Und dann gilt: Learning by doing. Natürlich achten die Guides darauf, dass alle klarkommen; sie sind auch zur Stelle, wenn jemand ins Wasser fällt, was gar nicht so selten vorkommt. Macht nichts, die Einzigen, die es sehen, sind die Mitfahrer und die Wasservögel auf den Kiesbänken.

Auf den Kiesbänken kann man anlanden, um zu pausieren oder auch, um aus dem Boot zu steigen und eine Rutschpartie über ein Wehr zu machen. Nass wirst du beim Raften sowieso, deshalb bietet es sich auch als Aktivität für Regentage an. Am wildesten ist die Tour im Frühling nach der Schneeschmelze.

INSIDER-TIPP
Auch bei Regenwetter!

4 **MAP-Erlebnis.de • Berger Steige 1, 87534 Fischen • map-erlebnis.de**

5 **Outdoor Zentrum Allgäu • An der Marienbrücke 2, 87544 Blaichach • raftingzentrum.de**

6 **Spirits of Nature • Moosweg 2, 87545 Burgberg • spirits-of-nature.de**

Drei auf einen Streich
Westallgäus wilde Wasserfälle

→ **Natürliche Wasserspiele – die Scheidegger Wasserfälle**

Hinter dem Wasserfall sieht die Welt ganz anders aus. Eine Wasserwand schirmt dich vom »Draußen« ab wie ein rauschender, glitzernder und sich ständig verändernder Vorhang. Das hast du noch nie gesehen? Dann ab zu den *Scheidegger Wasserfällen*!

Ein Erlebnisweg mit Spiel- und Lernstationen führt durch das wildromantische Geotop, das zu den schönsten in Bayern gehört. Wenn du die Runde gegen den Uhrzeigersinn machst, gelangst du zuerst hinter den ersten Wasserfall. Dann spazierst du am romantischen Rickenbach entlang zu einem hübschen Wasserspielplatz für Kinder. Von dort geht es weiter zu zwei noch höheren und wilderen Fällen: Über zwei insgesamt 40 m hohe Stufen stürzt das Wasser in die Tiefe und ergießt sich in die wilde Rohrachschlucht. Sie ist als Naturschutzgebiet ausgewiesen und nicht zugänglich. Das macht aber nichts, denn von einem Aussichtspunkt und drei unterschiedlich hoch gelegenen Plattformen kannst du die Wasserspiele ausgiebig von allen Seiten bewundern, fotografieren und filmen. Zu den Plattformen führen steile und mitunter rutschige Stufen, du brauchst also feste Schuhe und stramme Waden, um bis zur untersten und wieder zurück zu gelangen. Am beeindruckendsten ist das Schauspiel, wenn es zuvor geregnet hat und der Rickenbach entsprechend viel Wasser führt.

INSIDER-TIPP
Wasser, marsch!

Kinder können danach im weiter oben gelegenen Märchenwald auf Entdeckertour gehen und noch einige Spielgeräte ausprobieren. Einen Kiosk mit einem kleinen Snack-Angebot gibt es auch – also alles, was es für einen Tag braucht, an dem die ganze Familie Spaß hat.

7 **Scheidegger Wasserfälle • Rickenbach**
Fürstenmühle 1, 88175 Scheidegg •
scheidegg.de/scheidegger-wasserfaelle/

Drop & Jump Biken mit Adrenalingarantie

Rauf geht's chillig in einer blauen Gondel, aber runter wird die Federgabel so richtig gefordert. Der *Bikepark an der Hornbahn Hindelang* bietet für Downhiller, Freerider und geübte Mountainbiker zwei Schotter- und Naturtrail-Courses über insgesamt 9 km Länge. Pro Course geht es rund 500 Höhenmeter abwärts.

Die »Einsteigerstrecke« Yellow Banana verläuft überwiegend auf Forst- und Karrenwegen und bietet mehrere kleinere Sprünge, die du aber auch umfahren kannst. Im unteren Bereich kannst du zwischen der leichten Passage Green Frog und der Jumpline Red Chilly wählen. Die Sprünge auf der Jumpline sind für Fortgeschrittene gedacht, sie können ebenfalls umfahren werden.

↓ Über Stock und Stein mit dem Bike hinab ins Tal

Wenn es auf dem gelben Course gut klappt, kannst du dich auch am Black Rock versuchen. Könner haben ihren Spaß auf der steilen und rasanten Abfahrt im ersten Abschnitt und den engen Kurven auf grobem Untergrund danach. Neben ein paar Drops gibt's hier auch ordentliche Jumps, sodass du gut durchgerüttelt unten ankommst. Auf dem letzten, flacheren Stück kannst du es dann ein bisschen lässiger ausrollen lassen.

Im Sommer ist die Hornbahn zum »ultimativen Nightride« an jedem zweiten Donnerstag bis 21 Uhr in Betrieb. Dann haben auch die Einkehrmöglichkeiten an der Berg- und an der Talstation länger geöffnet, wo du den Abend gemütlich ausklingen lassen kannst. Eine (kostenlose) Waschstation gibt es an der Talstation übrigens auch, damit du dein Bike wieder schön sauber mitnehmen kannst.

8 **Bikepark Hornbahn Hindelang • 87541 Bad Hindelang • hornbahn-hindelang.de/bikepark-allgaeu/**

3

Rundherum und über Kopf Mitfliegen in Achterbahnen

Wenn du es so richtig wild magst, wirst du dich hier bestens amüsieren: Neben klassischen Fahrgeschäften und jeder Menge Spielmöglichkeiten für Kinder ab vier Jahren gibt es im 35 ha großen *Allgäu Skyline Park* bei Bad Wörishofen nämlich echte Adrenalinbooster. Den Allgäuflieger beispielsweise, das mit 150 m höchste Flugkarussell der Welt. Die Fahrt bis zur Turmspitze dauert eine ganze Minute und dann geht es rund bis zur maximalen Fluggeschwindigkeit von 50 km/h.

← **Zwei der über 60 Attraktionen: Sky Dragster und Sky Wheel**

Dagegen mutet Europas höchste Überkopf-Achterbahn, das 50 m hohe Sky Wheel, schon fast klein an. Dabei ist das echt heftig: Zuerst fährst du wie in einer ganz normalen Achterbahn nach oben. Dann erreichst du die maximale Höhe wie bei einem Looping und fährst dann mit dem Kopf nach unten weiter, bis eine richtig fiese Schraube den rasanten »Absturz« einleitet. Das ist definitiv nichts für schwache Nerven und Mägen! Sky Wheel heißt es übrigens, weil du ähnlich wie beim Start einer Rakete erst spürst, wie du (in der Schraube) abhebst und anschließend mit 5 G in den Sitz gepresst wirst.

Noch immer nicht genug? Wie wäre es nun mit dem High Fly? Die Überkopf-Schaukel rotiert in alle Richtungen. Und dann sind da noch das Zero Gravity, die riesige, dich herumwirbelnde Zentrifuge, bei der du den Boden unter den Füßen verlierst, der Sky Shot, der dich 90 m in die Höhe katapultiert, der Sky Dragster, bei dem du wie auf einem Motorrad über eine Achterbahn fährst, und weitere wilde Sachen. Da kommt garantiert keine Langeweile auf! Für Abkühlung sorgt ein in den Park integriertes Spaßbad mit zwei Rutschen.

INSIDER-TIPP
Pack die Badehose ein

9 **Allgäu Skyline Park • Skyline-Park-Str. 1, 86871 Rammingen • skylinepark.de**

Rattern und rütteln

Auf dem Alpsee Coaster bergab rasen

→ **Fahrspaß garantiert: die Strecke des Alpsee Coaster**

→ **Glücklich angekommen!**

Zum Glück kannst du mit diesem Rodel garantiert nicht umkippen. Auf Deutschlands längster Ganzjahresrodelbahn, dem *Alpsee Coaster*, läuft dein Gefährt nämlich auf Schienen. Der gemächliche Start täuscht jedenfalls: In der ersten, langgezogenen Rechtskurve nimmst du Fahrt auf, dann geht es in ordentlicher Schräglage nach links und anschließend rasant abwärts.

Du kannst jederzeit bremsen und damit deine Geschwindigkeit selbst bestimmen, was bei den vielen engen Kurven, Wellen und kleinen Jumps stellenweise eine ziemlich gute Idee ist. Je nach Können und Mut ratterst du zwischendrin mit bis zu 40 km/h schnell talwärts, wie auf einer Achterbahn, auf der du das Tempo vorgibst.

Die Fahrt über die 2,8 km lange Strecke dauert etwa sechs Minuten, dann wird dein Rodel automatisch vor dem Ziel abgebremst und du kannst in aller Ruhe aussteigen. Und, wenn du magst, gleich wieder mit dem Sessellift zum Startpunkt hinauffahren. Oder stattdessen in etwa einer Dreiviertelstunde zu Fuß bis zur Bergstation hinaufwandern. Auch abendliches Flutlichtrodeln ist möglich: In den Sommermonaten läuft der Coaster jeden Mittwoch und Samstag bis 22 Uhr.

Übrigens ist die Eckhalde, die du hinunterrodelst, ein richtiger »Spaßberg«: Auf ihr liegt die »Alpsee Bergwelt«, zu der neben dem Coaster eine große Wirtschaft, ein richtig toller Kletterwald und ein (kostenpflichtiger) Spielplatz, die »Abenteuer-Alpe«, gehören. Zur Alpe Obere Kalle gehst du nur eine Viertelstunde weiter bergauf und findest dort eine ruhige und gute Einkehr.

INSIDER-TIPP **Durchschnaufen**

10 **Alpsee Coaster • Ratholz 24, 87509 Immenstadt • alpsee-bergwelt.de/spass/alpsee-coaster.html**

99

Voll ins Schwarze! Biathlon-Training in Oberjoch

→ **Gut gezielt und Feuer frei – auch wenn die Scheiben endlos weit weg zu sein scheinen**

Im Fernsehen sieht das aber viel einfacher aus! Zu dieser Erkenntnis gelangst du beim Schnupperkurs von *Biathlon Allgäu* ziemlich schnell. Das fängt damit an, dass eine Distanz von 50 m im Gelände ganz schön weit ist. Die Scheiben der drei Schießstände sehen plötzlich richtig winzig aus. Und so ein Kleinkaliber-Lasergewehr ist mit 4,5 kg auch kein Leichtgewicht.

Zunächst gibt es eine ausführliche Einweisung zum Umgang mit dem Gewehr und zur richtigen Lage und Haltung auf der Matte. Alles klar? Dann beginnt die erste Übungsrunde. Volle Konzentration. Das Gewehr richtig halten, sorgfältig zielen, abdrücken, nachladen. Die Schussgeräusche hören sich echt an. Leider bleiben die Scheiben erstmal überwiegend schwarz, bis dann doch immer mehr Treffer einschlagen. Wow – bitte mehr davon!

Trainer Uwe Spörl, ehemaliges Mitglied der Skilanglauf-Nationalmannschaft und diplomierter Sportlehrer, geht pädagogisch geschickt vor: Nach den Anfangserfolgen gibt es ein paar praktische Tipps, dann werden die Scheiben von stehend auf liegend umgestellt. In der dritten Runde kommt echtes Biathlon-Wettkampffeeling auf: Nun gilt es, zuerst eine kleine Runde zu laufen und dann zu schießen; die Teilnehmer treten dabei in Teams gegeneinander an. Außer Atem und unter Druck zu treffen, ist wirklich schwierig. Umso größer ist der Triumph, wenn es doch gelingt. Am Ende sind sich alle einig: So ein Biathlon-Schnupperkurs ist herausfordernd, macht aber richtig viel Spaß.

Du brauchst weder Schieß- noch Langlauferfahrung mitzubringen. Die Kurse finden ganzjährig statt. Auch Familien mit Kindern ab neun Jahren können teilnehmen.

11 **Biathlon Allgäu • Kirchstr. 5, 87541 Bad Hindelang (Oberjoch) • biathlon-allgaeu.de**

HoRa 2000 L
ERDINGER
ALKOHOLFREI

HoRa 2000 L
HoRa 2000 L
ERDINGER

DIESE
DIENT
+20
+10
0
-10
-20

Nix wie raus hier! Escape Games mit Allgäu-Touch

Falls du an Klaustrophobie leidest, ist das eher nichts für dich. Aber wenn du Spaß an Gehirnakrobatik, Rätseln und Krimis hast, wirst du die Allgäu-Escape-Games lieben. Dabei lässt du dich mit deinen Mitspielern in einen Raum einschließen und musst mit ihnen die darin verborgenen Botschaften finden und diverse Rätsel lösen, um wieder hinaus zu gelangen. Damit es noch ein bisschen spannender wird, spielt ihr gegen die Zeit.

← Rätsel über Rätsel – hat diese Apperatur etwas mit »Kidnapping« in Memmingen zu tun?

Für Einsteiger und für Familien eignet sich der »Kuhstall« bei *Allgäu Escape* in Memmingen besonders gut. Ein Film erklärt dir die Ausgangslage: Du machst auf einem Bauernhof Urlaub, wirst aber nachts ausgeraubt und in den Kuhstall gesperrt. Der Übeltäter alarmiert einen Komplizen, der in einer Stunde hier sein wird – und dann will man dich »loswerden«. Klar, dass ihr alles daransetzt, vorher den Türschlüssel zu finden und zu entkommen. Dafür müsst ihr aber viel herumknobeln und ein Schloss nach dem anderen knacken. Die Zeit vergeht dabei erstaunlich schnell ... Übrigens spielen der Milchpreis, Kuhglocken und diverse Bauernhoftiere wichtige Rollen – mehr wird hier aber nicht verraten!

In Kempten erwartet dich der *Room of Secrets* mit vier Spielen, von denen eines mit dem kauzigen Kommissar Kluftinger zu tun hat. Und in Oberstdorf gibt es den *Escaperoom Allgäu* mit drei Allgäu-typischen Abenteuern; u. a. musst du ein Bergkäse-Rezept retten und König Ludwigs Juwelen finden.

12 Allgäu Escape • Oberbrühlstr. 19, 87700 Memmingen • allgaeu-escape.de

13 Room of Secrets • Bäckerstr. 17, 87435 Kempten • room-of-secrets.de

14 Escaperoom Allgäu • Nebelhornstr. 33b, 87561 Oberstdorf • escaperoom-allgaeu.de

Flugfeeling
Einmal von der Schanze springen

→ **Beim virtuellen Skisprung kann nichts schiefgehen**

Man muss wirklich ein bisschen verrückt sein, um freiwillig da hinunterzufahren! Du sitzt 70 m über dem Erdboden auf einem sehr schmalen Brett. Vor dir geht es mehr als 120 m lang abwärts und du beobachtest, wie dein Vorspringer da hinunterflitzt. Dann bist du an der Reihe: Du rast die Schanze hinunter, hebst ab und fliegst! Weich landest du unten in der Arena und bremst in weitem Schwung ab. Wow!

Skifliegen ist ein überaus eleganter Wintersport, der viele Zuschauer begeistert. Und die Heini-Klopfer-Schanze – die *Skiflugschanze Oberstdorf* trägt den Namen ihres Architekten, der auch ein begeisterter Skiflieger war und sie 1950 mit dem ersten Sprung selbst einweihte – ist schon rein architektonisch sehenswert. Wie ein anmutiger Drache ragt sie über dem Stillachtal auf.

Wenn du nachvollziehen möchtest, wie so ein Skiflug abläuft und sich anfühlt, fährst du wie die Athleten in zwei Aufzügen (einmal umsteigen!) hinauf zum Sprungturm. Dort gehst du das Treppchen hinauf, das auch die Sportler hinaufsteigen, und nimmst zum Virtual-Reality-Erlebnis auf demselben Balken Platz wie sie. Nur dass vor dir ein Sicherheitsnetz gespannt ist und du eine VR-Brille aufsetzt, bevor es losgeht.

Das VR-Erlebnis kannst du für sich alleine buchen oder im Anschluss an eine Führung. Letzteres ist interessanter, weil du die Schanze und ihre Geschichte im Rahmen der Führung noch besser kennenlernst, bevor du sie selbst »ausprobierst«.

INSIDER-TIPP **Fliegen & wandern**

Nach dem Skiflug kannst du am Fuß des Schanzenturms aussteigen und um den idyllischen Freibergsee wandern oder dort zum Baden gehen.

15 **Skiflugschanze Oberstdorf • Zimmeroy 1, 87561 Oberstdorf • skiflugschanze-oberstdorf.de**

Lang und knackig
Wandern um den Großen Widderstein

Vergiss 0/8/15, diese Tour ist 6/800/15! Die Wanderung um einen der prominentesten Gipfel des Kleinwalsertals herum führt dich in etwa 6 Stunden Gehzeit über 800 Höhenmeter aufwärts (und wieder hinunter), und das auf einer Länge von insgesamt etwa 15 km. Die Tour ist also knackig, geht ins hochalpine Gelände auf rund 2000 m Höhe und erfordert Kondition und Trittsicherheit. Du musst aber nicht klettern und brauchst kein alpiner Super-Crack zu sein. Und schön ist es da oben, sooo schön!

Startpunkt ist der Wanderparkplatz in Baad, ganz am Ende des Tals. Von dort folgst du zunächst der Beschilderung ins Bärgunttal. Nach einer guten halben Stunde gelangst du zur Bärgunthütte, der ersten Einkehrmöglichkeit. Weiter geht es, der Beschilderung zur Widdersteinhütte nach. Nun heißt es ordentlich aufsteigen, höher und höher hinauf, während der felsige Gipfel des *Großen Widderstein* näher rückt und die Aussicht auf die umliegenden Berge immer großartiger wird. Der Weg führt um den Gipfel herum und über eine Viehweide, bis du nach etwa drei Stunden Gehzeit die Widdersteinhütte auf 2015 m Höhe erreichst. Zeit für eine stärkende Einkehr!

Danach geht es buchstäblich abwärts, nämlich hinunter ins Gemsteltal; der Abstieg ist steil und teilweise geröllig. Nach etwa einer Stunde erreichst du die nächste Einkehrmöglichkeit, nämlich die Obere Gemstelalpe mit einer hübschen Terrasse. Ein weiteres steiles Stück liegt vor dir, dann lockt die Hintere Gemstelalpe zur nächsten Pause. Der weitere Weg durchs Gemsteltal ist ein schöner Spaziergang, auch wenn dir die Beine langsam schwer werden. Die letzten 2 km Fußmarsch kannst du dir sparen und von Mittelberg nach Baad mit dem Walserbus fahren.

← **Zeit für eine Pause: die Widdersteinhütte**

← **On Tour rund um den Großen Widderstein**

INSIDER-TIPP
Den Rest per Bus

16 **Großer Widderstein • 6993 Baad, Österreich • tief-im-allgaeu.de/wanderung-rund-um-den-grossen-widderstein-im-kleinwalsertal/**

Übern See brettern
Sportlicher Spaß für Wasserratten

→ **Ob auf dem Inselsee oder in Memmingen, übers Wasser jagen macht einfach Spaß**

Übers Wasser wandeln konnte nur einer, aber mit Skiern übers Wasser flitzen kannst du auch. Ausprobieren kannst du dies am *Inselsee* bei Blaichach, wo im Sommer fast täglich Anfängerkurse angeboten werden. Du musst dazu weder übermäßig sportlich noch ein Ski- oder Snowboardcrack sein – wobei Erfahrung auf Brettern oder Inlinern den Einstieg durchaus erleichtert –, solltest aber sicher schwimmen können. Mitbringen musst du auch nichts, Schwimmweste (Pflicht) und Helm (auf Wunsch) werden gestellt.

Am Übungslift mit gerader Strecke kannst du die ersten Versuche machen, danach geht es auf den Rundkurs. Fortgeschrittene finden dort auch Schanzen und andere Spaßelemente, an denen sie sich erproben können. An Geräten werden Wasserski, Wakeboards und Kneeboards angeboten; Letzteres ist am einfachsten zu nutzen. Wenn du bei deinen ersten Versuchen unbeobachtet bleiben willst, kannst du einen morgendlichen Exklusivkurs buchen.

INSIDER-TIPP **Privatstunden**

Du wirst sehen: Unter fachkundiger Anleitung meisterst du die kritischste Phase, den Start, ziemlich schnell. Und die anschließenden Flitzerunden bei 25 km/h machen richtig Spaß. Übrigens eignen sie sich auch als Vergnügen für Regentage, denn nass wirst du hier so oder so. Die verbrauchten Kalorien kannst du dann im Café Inselsee direkt an der Anlage wieder hereinfuttern.

Du hast bereits Wakeboard-Erfahrung? Die auf ehrenamtlicher Basis betriebene und entsprechend preisgünstige Wakeboardanlage *Wakecity* findest du im Stadtpark Neue Welt in Memmingen.

17 **Inselsee Allgäu • Am Inselsee 2, 87544 Blaichach • inselsee-allgaeu.de**

18 **Wakecity Memmingen • In der Neuen Welt 5, 87700 Memmingen • wakecity-memmingen.de**

Wipfelstürmer Zwischen Bäumen kraxeln im Kletterwald

Das ist nichts für Leute, die gern festen Boden unter ihren Füßen haben. Den gibt es im Kletterwald nämlich nur auf kleinen Holzplattformen an den Bäumen zwischen den einzelnen Parcours-Elementen. Dazwischen balancierst du über Seile, Netze und schwankende Holzbohlen, kletterst eine Strickleiter hinauf, kriechst durch ein Fass, fährst in einer Kiste oder mit einem Schlitten über ein Seil oder saust mit einem Flying Fox durch die Baumwipfel. Diese Mischung aus Abenteuer, Sport und Naturerlebnis macht eine Menge Spaß.

Gefordert sind vor allem Geschicklichkeit, Beweglichkeit und Gleichgewichtssinn, deswegen sind Kinder im Waldseilgarten oft flotter unterwegs als Erwachsene. Gefährlich ist das nicht, denn

↓ Familienspaß im Kletterpark Söllereck

natürlich gibt es ein ausgefeiltes Sicherungssystem aus Gurt und Karabinerhaken.

Der *Kletterwald Söllereck* in Oberstdorf eignet sich besonders gut für Familien mit Kindern im Grundschulalter. Für Kinder gibt es nämlich Parcours mit einem kontinuierlichen Sicherungssystem, bei dem man den Karabiner zwischendrin nicht umhängen muss. Die großen Kids bevorzugen oft den deutlich größeren *Kletterwald Bärenfalle*. Sein Highlight ist der Flying-Fox-Parcours »Fliegender Bär«: Aus 20 m Höhe saust du über sieben Seilbahnen 100 m lang dem Boden entgegen – da kann Tarzan einpacken!

Der *Kletterwald Grüntensee* ist ohne Bergbahnfahrt oder Aufstieg zu erreichen und ebenfalls sehr familiengerecht, mit Abenteuerspielplatz und Badeplatz gleich nebendran.

19 **Kletterwald Söllereck • Kornau Wanne 20, 87561 Oberstdorf • ok-bergbahnen.com/erlebnis-spass/erlebniswelten/kletterwald-allgaeu/**

20 **Kletterwald Bärenfalle • Ratholz 24, 87509 Immenstadt • kletterwald-baerenfalle.de**

21 **Kletterwald Grüntensee • Am Kletterwald 1, 87466 Grüntensee • kletterwald-gruentensee.de**

Fröhliche Flitzefahrt
Auf den besten Rodelpisten des Allgäus

→ **Gleich geht's flott hinunter – am Breitenberg**

→ **Am Imberger Horn starten die Schlittenbahnen an der Bergstation**

Der Schlitten ist vielleicht das meistunterschätzte Wintersportgerät. Dabei macht es riesig Spaß, talwärts zu schlitteln, wenn es eine tolle Piste gibt. Und solche bietet das Allgäu viele.

Ideal für Schlitten-Neulinge sind die Rodelbahnen am *Imberger Horn*. Zum einen, weil Aufstieg und Abfahrt strikt getrennt sind und du nicht befürchten musst, dass dir beim Hinunterrodeln ein Fußgänger in die Quere kommt. Zum anderen, weil die Bahnen gut präpariert und an den Kurven durch Netze gesichert sind. Beschneit werden sie bei Bedarf auch noch. Der Startpunkt liegt neben der Bergstation der Hornbahn, du kannst also bequem hinaufgondeln. Oder du steigst in etwa 90 Minuten vom Parkplatz Grüebplätzle zu Fuß auf. Oben hast du die Wahl zwischen drei je etwa 3,5 km langen Abfahrten, von denen die rote die Einsteigerbahn und die gelbe die kurvenreiche für Geübtere ist. An der Talstation bekommst du für geringes Entgelt einen Leihschlitten und auf Wunsch sogar einen flotten Rennrodel.

INSIDER-TIPP
Rent a Rodel

Für Fortgeschrittene ist der *Breitenberg* das lohnendste Ziel. Mit 6,5 km ist der Ostlerforstweg auf der Westflanke des Bergs die längste Naturrodelbahn im Allgäu. Die Abfahrt dauert 15 bis 20 Minuten und führt auch über steilere Stücke und ein paar Spitzkurven – wenn du unten bist, spürst du deine Bauchmuskeln, hast aber auch ein Riesengrinsen im Gesicht. Dafür lohnt sich der etwa zweistündige Aufstieg auf jeden Fall. Faulere können von der Ostseite mit der Breitenbergbahn hinauffahren und sich nach der Fahrt mit dem Bus wieder zur Talstation bringen lassen.

22 **Imberger Horn • 87541 Bad Hindelang • hornbahn-hindelang.de/winter/rodelbahn-allgaeu.html**

23 **Breitenberg • 87459 Pfronten • pfronten.de/aktiv/wintersport/rodeln oder tief-im-allgaeu.de/rodeln-am-breitenberg-die-laengste-rodelstrecke-im-allgaeu**

Berggasthaus
Zum Oberen Horn

Gestresst? Dann tief durchatmen, Ommm, die entspanntesten Auszeiten liegen gleich hier um die Ecke. Yoga auf dem Berg, Lauschen im Moor, Schnuppern im Kurpark. Hier findest du ganz schnell wieder zur eigenen Mitte.

Die ruhigen Ecken

Entspannen von minimalistisch bis luxuriös

Dem Himmel so nah
Winterwanderung auf dem Hohen Ifen

Eben herrschte noch quirliges Skifahrertreiben. Zehn Gehminuten später hörst du nur das Knirschen des Schnees unter deinen Füßen, atmest die klare Luft ein und bestaunst die fast menschenleere, bizarre Schneedünenlandschaft unter dem tiefblauen Himmel.

Dieser traumhafte Winterspaziergang beginnt an der Gipfelstation der *Ifenbahn* am Hohen Ifen im Kleinwalsertal (politisch gehört es zu Österreich, aber gefühlt zum Allgäu). Ein 5 km langer Weg wird dort in der Skisaison extra für Wanderer präpariert, du brauchst für die Runde keine Schneeschuhe oder Stöcke. Aber denk an die Sonnencreme – du spazierst auf rund 2000 m Höhe!

↓ **Herrliches Winterzauber-Panorama**

Nach dem Ausstieg aus der Bergbahnkabine kannst du zunächst die markante, schräg aufsteigende Gipfelplatte des Hohen Ifen und ihre senkrecht abfallende Steilwand, die sogenannte Ifenmauer, bewundern. Die futuristisch anmutende Bergstation mit ihren geschindelten Holzwänden nimmt diese schroffe Form architektonisch auf. Wenn du die Runde im Uhrzeigersinn machst, liegen dir wenige Gehminuten später die Gipfel der Nagelfluhkette zu Füßen, die sich westwärts Richtung Bodensee ausbreitet. Weiter geht es in einem großen Bogen über das schneebedeckte Gottesackerplateau, das im Sommer wegen der vielen Felsspalten für Wanderer tückisch sein kann. Nach und nach schieben sich die Gipfel des Kleinwalser- und des Lechtals in den Blick. Schließlich überquerst du die Skipiste und steigst wieder ein Stück auf zur Gipfelstation, wo du auch gut einkehren kannst – wenn dir der Trubel nach der stillen Runde in dieser faszinierenden Landschaft nicht zu viel ist.

1 Ifenbahn • Auenalpe 4, 6992 Hirschegg, Österreich • ok-bergbahnen.com/bergbahnen/ifenbahn/

Schauen, schnuppern, schmecken
Wellness im Kurpark

Eine sanfte Parklandschaft mit lauschigen Bänken unter riesigen Bäumen. Aus einem schattigen Teich sprudelt eine fröhliche Fontäne, Vögel zwitschern, es duftet nach Gras und Blüten.

Du denkst beim Namen »Kneipp« spontan an abschreckend kaltes Wasser und Gesundheitsprodukte? Dann wird dich der *Kurpark* in Bad Wörishofen überraschen: Auf rund 1,6 durchdacht gestalteten Hektar am westlichen Stadtrand findest du nämlich alle fünf Elemente, die zur ganzheitlichen Lehre des »Wasserdoktors« und Pfarrers Sebastian Kneipp gehören.

Und das im Überfluss und aufs Harmonischste vereint: Bewegung, Ernährung, Pflanzen, Balance und, na klar, Wasser. Es plätschert in einem steinigen Bachbett, gluckst in stillen Weihern und bietet sich in den typischen Kneippbecken zum Wassertreten und Armbaden an.

Aber das ist noch lange nicht alles: Der Rosengarten verwöhnt im Sommer Auge und Nase mit rund 550 unterschiedlichen Sorten. Im Duft- und Aromagarten darfst du die betörenden Pflanzen nicht nur beschnuppern und anfassen, sondern sogar anknabbern – Verkosten ist ausdrücklich erlaubt! Im Heilkräutergarten und im Garten der Männergesundheit findest du bewährtes naturheilkundliches Wissen, oder lass dich im Hainbuchenpavillon zum Meditieren nieder. Dann mach die Runde über den 1,5 km langen Barfußpfad im Kurpark, über Stein, Holz, Zapfen, durch Gras, Matsch, Sand und Wasser.

Nicht zu vergessen die Gradieranlage, an der du solehaltige Luft atmen kannst, und der Osteo-Walk für sanftes Training. Dröge? Nein. Total entspannend.

← Sich an der Blütenpracht im Kurpark stattsehen …

← … daran riechen – und sogar (teilweise) kosten

INSIDER-TIPP
Fußreflexzonenmassage

2 Kurpark • 86825 Bad Wörishofen • bad-woerishofen.de/entspannen/kurpark

Jetzt mal ganz langsam
Auf dem Themenweg »sich Zit long«

→ **Mach der alten Eibe, vielleicht dem ältesten Baum Deutschlands, deine Aufwartung**

→ **Nimm Platz auf einer Liege im Ruhepavillon, lass den Blick schweifen und genieß die Auszeit vom Alltag**

Um wirklich zur Ruhe zu kommen, braucht man Zeit. Zeit, um zu trödeln und zu träumen, um die Umgebung bewusst wahrzunehmen und seinen Gedanken nachzuhängen. Genau dafür ist der Themenweg »sich Zit long« (allgäuerisch für »sich Zeit lassen«) gedacht.

Er führt rund 5 km lang als Höhenweg auf der Sonnenseite durch das Balderschwanger Hochtal, ausgehend von Kienles Kräuterparadies im Ortsteil Wäldle bis zum Ortsteil Schlipfhalden. 16 Erlebnisstationen laden unterwegs auf dem *Balderschwanger Zeitweg* zum Schauen und Innehalten ein, darunter ein Ruhepavillon (Station 9, »Auszeit«), von dem aus du eine wunderbare Aussicht übers Tal hast, und ein »Entspannungswald«, in dem du Atemübungen machen kannst (Station 14, »Atemzeit«).

Etwas ganz Besonderes ist die zweite Station: die alte Eibe von Balderschwang. Bei den beiden dicken, krummen Stämmen mit den zerzausten Kronen handelt es sich möglicherweise um den ältesten Baum Deutschlands. Falls die beiden Stämme im rauen Bergklima aus einer gemeinsamen Wurzel gewachsen sind, dürfte die Eibe etwa 800 Jahre alt sein. Oder die beiden Stämme sind die Überbleibsel eines inzwischen verfaulten Einzelstamms. Dann ist die Eibe vermutlich über 1000, vielleicht sogar 2000 Jahre alt.

Selbst wenn es »nur« 800 Jahre wären: Die Bank vor dieser Baumveteranin ist ein perfekter Platz, um innezuhalten, über das Leben nachzudenken und die Seele baumeln zu lassen. Lass dir dafür ruhig jede Menge Zeit!

3 **Balderschwanger Zeitweg • 87538 Balderschwang • hoernerdoerfer.de/a-sich-zit-long-balderschwanger-zeitweg**

Planschen mit Bergblick Die schönsten Freibäder

Sie liegen beide wie auf einer Terrasse vor den Bergen, sodass du beim Schwimmen im Panorama schwelgen kannst: Wenn du im *Alpenbad Pfronten* im 50-m-Becken deine Bahnen ziehst, fühlst du dich wie im Infinitypool. Ob aus dem Wasser oder von der Liegewiese aus: Der Blick auf Pfronten und die umgebenden Berge ist einmalig schön – man mag immer nur schauen und sich freuen. Ein Nichtschwimmerbecken und einen Kiosk gibt es natürlich auch. Beste Voraussetzungen für einen rundum entspannten Badetag. Am ruhigsten ist es im Alpenbad am Samstagvormittag, wenn in den Gästeunterkünften Bettenwechsel ist.

INSIDER-TIPP
Allerbeste Zeit

Zum *Alpenfreibad Scheidegg* gehört ein zweistöckiges, halbrundes Badgebäude. Das annähernd rund geformte Schwimmbecken wird von einer Quelle gefüllt, es handelt sich um ein Naturschwimmbad. Das Wasser ist kühl, dafür aber ungechlort. Nur im benachbarten Kinderplanschbecken wird es (mit Solarenergie) beheizt. An einem heißen Sommertag ist das Schwimmen unglaublich erfrischend und der Blick auf die Nagelfluhkette unvergleichlich schön. Auf der Liegewiese ist es nie zu eng und es lässt sich prima dösen. Nebenher kannst du die Kunstwerke betrachten, die auf dem parkähnlichen Gelände aufgestellt sind.

Der Kiosk verkauft zwar auch Eis und Pommes. Vor allem gehört er zu einem sehr guten griechischen Lokal mit freundlichem Service und einer Terrasse, von der du das Panorama auch beim Essen genießen kannst.

← Schwimm im Alpenbad Pfronten hin zu den Bergen … sozusagen

← Quellwasser in Scheidegg

4 **Alpenbad Pfronten • Falkensteinweg 14, 87459 Pfronten • alpenbad.pfronten.de**

5 **Alpenfreibad Scheidegg • Forst 113, 88175 Scheidegg • scheidegg.de/sommer/alpenfreibad/**

Bruder Sonne in der Stadt Klostergärten als Ruheoasen

→ **Atme tief durch im Klosterberggarten in Kaufbeuren**

Ein Garten mitten in der Stadt, mit plätscherndem Wasser, wucherndem Grün, leuchtenden und duftenden Blüten. Für jeden zugänglich, der einen Moment der Ruhe und Entspannung sucht. Klingt das nicht verheißungsvoll?

Einen solchen Ort haben sowohl die Franziskanerinnen in Kaufbeuren als auch die Franziskanermönche in Wangen nahe ihren Klöstern geschaffen. Damit stehen sie ganz in der Tradition ihres Ordensgründers: Der heilige Franz von Assisi liebte die Natur und schrieb als Lobpreis an den Schöpfer den »Sonnengesang«, in dem er die Elemente der Schöpfung als seine Geschwister bezeichnete: Bruder Sonne, Schwester Mond, Bruder Feuer, Schwester Wasser … Die Verse des Gesangs finden sich in beiden Gärten auf Tafeln. Vielleicht sprechen sie dich an, vielleicht auch nicht. In jedem Fall kannst du die Gärten als Erholungsoase nutzen.

Der *Klosterberggarten in Kaufbeuren* liegt malerisch unterhalb der historischen Stadtmauer an einem Hang, den man in Serpentinen hinaufsteigt und dabei immer neue Gartenräume entdeckt. Wenn du oben angekommen bist, liegt dir die Altstadt zu Füßen – ein sehr hübscher Anblick. Unterhalb der Stadtmauer führt ein Tor aus dem Garten hinaus; wenn du dort links abbiegst, gelangst du zum Fünfknopfturm, dem Wahrzeichen Kaufbeurens.

INSIDER-TIPP
Durchs Törle zum Turm

Der *Klostergarten in Wangen* ist kleiner, aber eine liebenswerte »Natur-Tankstelle für die Seele«, wie die Mönche ihn nennen.

6 **Klosterberggarten • Crescentiapl. 13, 87600 Kaufbeuren • crescentiakloster.de**

7 **Klostergarten der Franziskaner • Am Klösterle 1, 88239 Wangen • wangen.franziskaner.net**

Chillen mit Aussicht

Auf den Panoramaliegen in Lechbruck

→ Da kommt man nur schwer wieder hoch, aus den super bequemen Liegen am Fluss

Die Panoramaliegen auf dem Lech-Erlebnisweg sind einfach unwiderstehlich. Schon viele haben sich mit den besten Absichten auf abwechslungsreiche Aktivitäten auf den *Lech-Erlebnisweg* gemacht. Er beginnt an der Lechbrücke im Süden Lechbrucks und führt von dort flussabwärts bis zum Campingplatz. Unterwegs findest du einen großen Spielplatz für Kinder und etliche Spiel- und Sportelemente für Groß und Klein. Du kannst balancieren, wippen und hüpfen, Klimmzüge machen, ein Kneippbecken durchwaten und ein anregendes Armbad nehmen, Vögel beobachten und anschließend um den Lechstausee Urspring herumwandern. Wenn da nur nicht diese verführerischen Liegen wären!

Kaum liegst du auf dem einladend geschwungenen Holzbett, wechselst du in den Entspannungs-Modus: Der Lech schimmert in seinem einzigartigen Blaugrün vor dir, die Schwäne ziehen gemächlich ihre Runden. Hinter den dunkelgrünen Fichten am gegenüberliegenden Ufer zeichnen sich blaugraue Gipfel vom klaren Himmel ab. Das Wasser plätschert so beruhigend, die Vögel zwitschern fröhlich, die Sonne wärmt dich freundlich … leg dir die Jacke als weiches Kissen unter den Kopf und gönn dir die Zeit zum Schauen, Genießen und Dösen.

Wenn sich dann irgendwann der Hunger meldet, findest du drei Gehminuten entfernt am kleinen Bootshafen einen Kiosk mit Biergarten. Dort könntest du auch ein Tretboot leihen, falls die Aktivitätslust doch wieder erwacht. Oder du legst einen Gang durchs Kneippbecken ein und dich dann wieder auf die Liege, um deine Panoramastudien tiefenentspannt fortzusetzen.

8 **Lech-Erlebnisweg • 86983 Lechbruck am See • lechbruck.de**

Namaste Mit Bergstiefeln und Yogamatte auf den Gipfel

Die beste Yoga-Umgebung ist die freie Natur. Und welches Studio könnte schöner sein als die Allgäuer Bergwelt mit ihrer reinen Luft und dem fantastischen Panorama? Wo könntest du besser den eigenen Körper von Kopf bis Fuß erspüren, den Atem fließen lassen, endlich zur Ruhe kommen als auf einem Berg, einem Kraftort, der dem Himmel buchstäblich nahe ist?

Es gibt zahlreiche Yoga-Zentren und Möglichkeiten für Yoga-Retreats im Allgäu. Zum Reinschnuppern oder als »Entspannungs-Event« eignen sich aber eher offene Angebote, bei denen du einfach so mal eine Session am Berg buchen kannst. Besonders schön ist der Tagesausklang mit *Yoga auf dem Gipfelplateau des Breitenbergs* bei Pfronten. Dazu gehört auch ein gemütliches Abendessen in der rustikalen Ostlerhütte. Ob du auf den Berg wanderst oder bequem mit der Bahn hinaufgondelst, bleibt dir überlassen. Auf der Ostlerhütte kannst du anschließend auch übernachten – wenn du frühzeitig genug buchst *(ostlerhuette.de)*.

Du bist eher eine Lerche als eine Nachtigall? Dann wanderst du vielleicht lieber frühmorgens mit Franzi von *Yogaglück* hinauf zur Rohrkopfhütte am Tegelberg bei Schwangau und findest dort dein persönliches Yogaglück. Nach der sanften Morgeneinheit auf einer eigens angelegten Yogaplattform gibt es ein gesundes Hüttenfrühstück, der Blick auf Schloss Neuschwanstein ist inklusive. Yogamatte und Bergstiefel sind einfach ein Traumpaar!

← Yoga (und Spaß) am Morgen heißt's beim Yogaglück an der Rohrkopfhütte

← Zur späteren Tageszeit gibt's Yoga auf dem Breitenberg

INSIDER-TIPP
Einfach dableiben

9 **Yoga auf dem Breitenberg • 87459 Pfronten • pfronten.de**

10 **Yogaglück mit Franziska Thurm • Kemptener Str. 31, 87642 Buching • yogaglück-füssen.de**

Unter den Linden
Lustwandeln wie ein Fürst

→ **Zeit für einen Spaziergang auf der Kurfürstenallee**

Eine private Allee zum nachmittäglichen Spaziergang muss man sich leisten können. Kurfürst Clemens Wenzeslaus konnte das. Er ließ ab 1774 von seinem Jagdschlösschen aus eine 2 km lange Lindenallee pflanzen. Da er dabei auf Frondienste der Oberdorfer Bauern zurückgriff, war das wohl keine allzu teure Sache. Damals schimpften die Anwohner über den fürstlichen Spleen (vor allem, weil sie einen Teil des Geländes auch noch mühsam terrassieren mussten).

Fast 250 Jahre später ist die *»Kurfürstenallee« in Marktoberdorf* als Naturdenkmal geschützt und ein Lieblingsspazierweg für viele Bewohner der Ostallgäuer Kreisstadt. Kein Wunder: Unter den Linden spaziert es sich mit fürstlichem Vergnügen. Das Laubdach spendet angenehmen Schatten. Zwischen den knorrigen Stämmen blickst du auf die Allgäuer Hügellandschaft und dann auf die Alpenkette am Horizont. Schließlich überquerst du eine Straße und steigst den Hügel hinauf, bis du auf einer Lichtung im Wald zu einem Gedenkstein für Clemens Wenzeslaus gelangst. Zu seinen Lebzeiten stand dort ein barocker Pavillon, in dem der kunstsinnige Fürst mit seinem Hofstaat gern Konzerte und Theateraufführungen genoss.

Der Pavillon ist heute verschwunden, aber die Lindenallee ist auf dem Rückweg mindestens genauso schön. Der Fürst hing übrigens so an seinem geliebten Oberdorf (damals war es noch kein Markt), dass er sich dort begraben ließ. Die Grabkapelle an der Kirche St. Martin ist nur an einem Tag im Jahr geöffnet – immer am 27. Juli, dem Todestag des Fürsten, der 1812 starb.

INSIDER-TIPP
Besuchstag beim Fürsten

11 **Kurfürstenallee Marktoberdorf • 87616 Marktoberdorf**

Meditation to go
Auf dem Besinnungspfad

Viel schöner als das Allgäu kann der Garten Eden auch nicht gewesen sein. Wer hier lebt oder urlaubt, kann gar nicht anders, als sich an der Schönheit der Natur zu freuen. Insofern ist es naheliegend, dass inmitten dieser paradiesischen Umgebung Wege angelegt wurden, die dazu einladen, über sich, das Leben und seinen Sinn nachzudenken. Sie richten sich an alle spirituell empfänglichen Menschen, egal welcher Religion oder Konfession sie angehören.

An beiden hier vorgestellten Wegen gibt es Begleitbroschüren, die du mitnehmen und nutzen kannst, wenn du möchtest. Oder du spazierst einfach so den Wegweisern nach von Station zu Station und genießt das pure Unterwegssein.

Der *Besinnungsweg GE(h)ZEITEN* in der Nähe von Nesselwang ist als Rundweg angelegt (4 km) und führt dich u. a. zum Ufer des hübschen Attlesees, immer mit Blick auf das traumhafte Bergpanorama. Im Sommer gibt es Führungen auf dem Besinnungsweg und manchmal ein abendliches Lichterlabyrinth (Termine auf *nesselwang.de*).

Der *Weitnauer Besinnungspfad* liegt fast ein bisschen versteckt beim Dorf Eisenbolz. Du spazierst an einem kleinen Bachlauf entlang und dann in den Wald hinein bis zur Lichtung mit den Stelen zum »Sonnengesang« des Franz von Assisi. Von dort kannst du über den »Grenzgängerweg« (beschildert) eine kleine Schleife durch den Wald machen und gelangst dann wieder auf den Besinnungspfad.

← Schlendern, Nachdenken und zur Ruhe kommen kannst du auf dem Besinnungsweg GE(h)ZEITEN …

← und auf dem Weitnauer Besinnungspfad

INSIDER-TIPP
Meditieren, aber nicht allein!

12 **Besinnungsweg GE(h)ZEITEN • 87484 Nesselwang • nesselwang.de/gehzeiten-im-allgaeu.html**

13 **Weitnauer Besinnungspfad • 87480 Weitnau-Eisenbolz • allgaeu.de/a-weitnauer-besinnungspfad**

Sammel das Glück!
Spaziergang auf dem Glückstalerweg

→ **Hast du schon das Glück gefunden? Spätestens bei der Mathildenruh stehen die Chancen gut**

In Mindelheim liegt das Glück nicht auf der Straße, sondern im Wald. Und zwar in Form von lauter überdimensionierten Münzen, die den Glückstalerweg säumen. Er ist einer von insgesamt 14 Glückswander- und -radwegen im Unterallgäu, die unter dem Motto »Glücksmomente erleben« angelegt wurden. Wenn du an der Schwabenwiese in Mindelheim startest und den etwa 6 km langen Rundweg machst, sammelst du symbolisch einen Glückstaler nach dem anderen.

Praktisch spazierst du durch den Wald zum liebevoll gepflegten Naturlehrgarten, in dem du Ideen für eine naturnahe und insektenfreundliche Gartengestaltung findest. Von dort geht es in einer großen Kehre den Hang hinauf zur Mathildenruh, einem Teich, in dem eine kleine Fontäne plätschert. Ein Mühlstein mit einer Zeichnung versinnbildlicht den »Zauberkreis der Natur«. Lass dich auf eine der Bänke nieder und genieße den reizenden Ruheplatz unter dem grünen Blätterdach – das ist wirklich ein Ort zum Glücklichsein …

Falls du dich losreißen kannst, steigst du anschließend hinauf zur Mindelburg. Die trutzige Anlage im gotischen Stil geht bis ins 12. Jh. zurück. Du kannst die Anlage durchwandern, aber nicht besichtigen; nur der Turm ist im Sommer manchmal begehbar. Die Aussicht auf Mindelheim ist zwar nur mäßig begeisternd, weil du vor allem das Industriegebiet siehst. Dafür ist der hübsche Biergarten an der Burggaststätte auf jeden Fall für einen weiteren Glücksmoment gut.

Weiter geht es zwischen Feldern und Wald zur Rokoko-Katharinenkapelle, dann abwärts in die Stadt und an der rauschenden Mindel entlang zurück zum Ausgangspunkt der *Glückstalerrunde*.

14 **Glückstalerrunde • 87719 Mindelheim • gluecks wege-allgaeu.de/glueckswege/glueckstaler-runde**

Froschkonzert im Ökotop Moore erleben

↓ **Von wegen schaurig und neblig: Herrlich geht's durchs Arrisrieder Moos**

↓ **Im Werdensteiner Moos sieht man die grünen Hüpfer in groß und klein**

Von April bis Juni ist es richtig laut im Moor. Dann quaken nämlich an warmen Tagen die Froschmännchen um die Wette, um die Froschweibchen zu beeindrucken. In den übrigen Monaten kannst du dich auf den Moorerlebniswegen im Allgäu eher dem ruhigen Naturgenuss hingeben. Du gehst über federnd-weichen Boden oder auch über Holzbohlen und hörst das dunkle Wasser leise glucksen.

Im Sommer siehst du Schmetterlinge und Libellen und viele Pflanzen, die selten geworden sind, z. B. Trollblumen, diverse Schwertlilien und Knabenkräuter oder auch die Moorkiefer (Spirke). Sie ist die einzige Baumart, die in Hochmooren richtig gut wächst. Da die Moore jahrzehntelang zum Torfabbau genutzt und entwässert wurden, wurden die Spirken oft durch Fichten

und Birken verdrängt. In jüngerer Zeit hat man den ökologischen Wert der Moore erkannt und angefangen, sie zu renaturieren. Wo das geschieht und das Gelände wieder vernässt, sterben die anderen Bäume ab, sodass sich oft bizarre Wasserlandschaften mit dekorativen Baumskeletten bilden.

Sehr schön siehst du das im *Wurzacher Ried*, im *Werdensteiner Moos* sowie im *Arrisrieder Moos*. Alle drei Moorgebiete werden renaturiert und sind durch Erlebniswege erschlossen. Der längste davon führt auf den Spuren der Torfstecher durchs Wurzacher Ried. Im Werdensteiner Moos gibt es besonders kindgerechte Erlebnisstationen.

15 **Wurzacher Ried • 88410 Bad Wurzach • wurzacher-ried.de**

16 **Werdensteiner Moos • 87509 Immenstadt • kempten.bund-naturschutz.de/allgaeuer-moore/werdensteiner-moos**

17 **Arrisrieder Moos • 88353 Kißlegg • arrisrieder-moos.forstbw.de**

Kurs auf Entschleunigung! Kleiner Törn über den Großen Alpsee

→ **Erholung abseits des Landes: die Fahrt mit der Santa Maria Loreto**

Im Norden sagt man »Schiff, ahoi!«, im Allgäu heißt es »hoi, a Schiff!«. Na gut, das ist kein ganz neuer Witz, aber er passt gerade so gut. Und die *Santa Maria Loreto* ist ja nicht irgendein Schiff, sondern der einzige »Alpseesegler« mit Erlaubnis zur Personenbeförderung. Sie ist ein (kleinerer) Nachbau einer Lädine; so hießen die Lastensegler, die einst auf dem nicht weit entfernten Bodensee zum Warentransport eingesetzt wurden. Seit 2003 befördert sie Passagiere, die Lust auf eine Entschleunigungstour haben.

Das Schiff gehört der Stadt, betrieben wird es aber vom Verein Historischer Segler Alpsee-Immenstadt e. V. Diese enthusiastische Freiwilligentruppe kümmert sich um die Wartung und Instandhaltung und stellt auch die Kapitäne, die vom 15. Mai bis 15. September täglich drei Rundfahrten anbieten (nur bei entsprechendem Wetter). Mit dem bescheidenen Beförderungsentgelt finanziert sie ihre Aktivitäten.

Im Hafen von Immenstadt-Bühl hat die Santa Maria Loreto ihren Ankerplatz. Von dort gleitet sie, von einem Elektromotor betrieben, aus dem Hafenbecken hinaus, wobei auf die Tret- und Ruderboote, SUPs und Schwimmer zu achten ist. Draußen werden die drei Segel gesetzt und die Lädine nimmt Fahrt auf. Auch an heißen Tagen geht eine leichte Brise, das Schiff gleitet ruhig über das Wasser. So entspannend! Ein Besatzungsmitglied erzählt ein wenig über das Schiff und den See, und alle genießen den Blick auf Bühl und die Berge. Nur zu bald heißt es »Klar zur Wende!« und zurück in den Hafen. Du kannst die Lädine auch für Events mieten, für Kinder(-gruppen) werden Piratenfahrten angeboten.

INSIDER-TIPP
Rent a Ship

18 **Santa Maria Loreto • der Alpseesegler • Hafen Bühl am Alpsee, 87509 Immenstadt • alpseesegler.de**

An der Quelle
Warmwasserwellness in der Naturtherme

Wer nach Öl bohrt, findet manchmal noch ganz andere Schätze im Boden. Im Unterallgäu wurde bis 1995 tatsächlich Erdöl gefördert. Dabei stieß man in 550 m Tiefe auf eine fast 29 °C warme Thermalquelle, die heute die *Naturtherme Bedernau* speist.

← **100 % Entspannung findest du in der Naturtherme Bedernau**

Und wirklich, die Therme bietet Natur fast pur: Sie liegt am Ortsrand in himmlischer Ruhe, man hört keine Autos fahren, dafür aber die Vögel zwitschern. Im großen Naturschwimmteich badest du in klarem, weichem Wasser, in dem im Frühsommer ein paar niedliche Kaulquappen wuseln.

Vor dem Gang ins Thermalbecken soll man duschen, damit die Haut aufnahmebereit ist. Sobald du ins auf fast 34 °C erwärmte Wasser gleitest, spürst du ein leichtes Kribbeln oder Prickeln. Das ist die Wirkung des Fluorid-Natrium-Hydrogencarbonat-Cocktails, dem die Quelle ihr Prädikat als staatlich anerkanntes Heilwasser verdankt. Es soll gut für Muskeln und Gelenke sein und zur Vorbeugung und Behandlung von Osteoporose und Arthrose.

Vor allem aber ist das etwa 20-minütige Bad (diese Badedauer wird empfohlen) unglaublich entspannend. Du kannst im Wasser stehen, sitzen oder liegen und dir von Massagedüsen den Rücken massieren lassen. Nach dem Heilwasserbad solltest du dich weder abrubbeln noch duschen, sondern dich einfach trocknen lassen. Das macht schön weiche Haut!

INSIDER-TIPP
Einfach abwarten

Danach solltest du ein Weilchen ruhen, sei es auf einer der Liegen am Beckenrand oder draußen auf der Wiese. Es döst sich so angenehm dort, dass es fast schon zu mühsam ist, sich am Kiosk noch einen Cappuccino und ein Stück Kuchen zu holen. Aber nur fast ...

19 **Naturtherme Bedernau • Zur Naturtherme 25, 87739 Bedernau • naturtherme-bedernau.de**

Allgäu-Wellness
Wohlgefühl im Kräuter-Spa

→ Gut für Körper und Seele: Die Aussensauna im Panoramahotel Oberjoch

→ Im Allgäu Spa bekommst du die volle Packung Entspannung

Natur pur tut auch bei äußerlicher Anwendung gut. Alpenkräuter und andere Naturprodukte werden im Allgäu für verschiedene Wellnessangebote wie Massagen, Packungen und Bäder eingesetzt.

Im Day-Spa im *Panoramahotel Oberjoch* kannst du etwa eine Ganzkörper-Kräuter-Stempel-Massage mit warmen Kräuterölen und dauerbedampften Kräuterstempeln oder auch eine Detox-Behandlung »Alpin pur« mit einem Kräuter-Leberwickel samt Fußreflexzonenmassage genießen. Oder du pflegst Haut und Haare mit einem Bad in echtem Allgäuer Bier.

Besonders konsequent baut Evelin Joss in ihrem Day-Spa im Vitalhotel Sonneck auf die wohltuende und heilende Wirkung der Allgäuer Natur. Es ist ihr ein Anliegen, ihren Gästen etwas von der Ruhe und Kraft zu vermitteln, die darin wirken. Da sie u. a. ausgebildete Kneipp-Gesundheitstrainerin ist, setzt sie auf eine zeitgemäße Interpretation der Kneipp'schen Lehre und ihrer Anwendung von Wasser und Heilkräutern. Im Angebot des *Allgäu Spa* ist z. B. eine Massage mit Arnika (kühlend und regenerierend), Johanniskraut (energiespendend) oder Propolis (pflegend und entzündungslindernd). Und wie wäre es mit einem Bad in Heublumen, Allgäuer Molke oder Alpensalz? Mit einer Kräuter-Moor-Körperpackung oder einem Zirbe-und-Honig-Peeling? Nur im Sommer gibt es die Alpenkräuter-Massage. Sie hinterlässt ein langanhaltendes wohliges Prickeln und einen wunderbar zarten Duft – es lohnt sich, danach zu fragen!

INSIDER-TIPP
Sommerpower

20 **Panoramahotel Oberjoch • Paßstr. 41, 87541 Bad Hindelang • panoramahotel-oberjoch.de/alpin-spa/sauna-und-pool/**

21 **Allgäu Spa • Tannenbaum 1, 86825 Bad Wörishofen • allgäuspa.de**

ALLGÄU SPA
evelin joss

Schweigen und schwelgen

Stiller Kunstgenuss im Kloster

Wenn man schon nicht sprechen darf, will man wenigstens was Schönes zum Anschauen haben. Ob dieser Gedanke hinter der Gestaltung der *Kartause Buxheim* steckt? Der Kartäuserorden ist ganz auf Einsamkeit und Stille ausgerichtet: Jeder Priestermönch hat eine Zelle – sie gleicht einem kleinen Häuschen mit einem Garten –, in der er allein lebt. Die Zelle verlässt er nur dreimal täglich zum Gottesdienst, zum gemeinsamen Mittagessen am Sonntag (es wird schweigend eingenommen) und zum wöchentlichen Spaziergang, bei dem er sprechen darf. Mehr Abwechslung gibt es für die Brüdermönche, die sich um die praktischen Arbeiten im Kloster kümmern, z. B. um die Küche und die Wäscherei.

← **Das filigrane Chorgestühl wurde vom Tiroler Meister Ignaz Waibl geschaffen**

So hielten es die Mönche rund 400 Jahre lang in Buxheim. Ihre Kartause war bereits 1402 im gotischen Stil errichtet worden, im 17. Jh. wurde sie dann geradezu verschwenderisch barockisiert. 1812 wurde das Kloster im Rahmen der Säkularisation aufgelöst. Nach einigen Besitzerwechseln öffnete es 1975 als Museum.

Noch heute sind es stille Räume, die du durchschreitest. Und sie sind absolut sehenswert: Die Kartäuserkirche birgt ein barockes Chorgestühl, das selbst religiös und künstlerisch Uninteressierte beeindruckt. So reiche Verzierungen, so ausdrucksstarke Gesichter, so feine Details! Das Chorgestühl hat eine wilde Geschichte hinter sich, die du dir am besten im Rahmen einer Führung erzählen lässt. Genauso kunstvoll, aber noch heiterer und prächtiger ist die Annakapelle, ein Spätwerk von Dominikus Zimmermann. Du kannst auch eine Zelle besichtigen – sie ist ganz gemütlich, aber auf Dauer vielleicht doch ein bisschen zu still …

INSIDER-TIPP
Wie ein Krimi

22 **Kartause Buxheim • An der Kartause 15, 87740 Buxheim • kartause-buxheim.de**

Schön versumpfen
Spazieren im Benninger Ried

→ **Die Kapelle am Moor – schau mal rein!**

→ **Die seltene Riednelke kannst du im Moorgebiet erspähen**

Manchmal wirkt Kostbares auf den ersten Blick unscheinbar. So wie die dezent rosafarbenen Blüten, die sich in diesem kleinen Sumpfgebiet zwischen den Gräsern himmelwärts recken. Das sind die letzten Exemplare der Purpurgrasnelke, auch Riednelke genannt. Sie wächst nur an einem einzigen Ort auf der Welt: im *Benninger Ried*, südlich von Memmingen. Einst war das Moorgebiet viel größer, wurde aber über Jahrzehnte entwässert, bis man seinen ökologischen Wert erkannte und sich um die Renaturierung bemühte. Heute kannst du die Riednelke von einer Aussichtsplattform aus bewundern – am besten zu ihrer Blütezeit im Juni und Juli.

Auch die Kapelle am Moor wirkt von außen unscheinbar. Dabei ist sie innen reich geschmückt und verdankt ihre Existenz einer alten Wundergeschichte. Diese wird an den Innenwänden auf Holztafeln in Wort und Bild dargestellt. Demnach soll an diesem Ort einst eine Mühle gestanden haben, die aber nicht so erfolgreich lief wie die eines Konkurrenten in der Nähe. Der Müller ärgerte sich darüber so sehr, dass er eine Hostie, die er am Gründonnerstag empfing, aus dem Mund nahm und einwickelte, um sie dem Anderen heimlich unters Mühlrad zu legen. Er erhoffte sich davon, dass das Zermahlen der Hostie dem Konkurrenten als Frevel angerechnet und diesem dadurch Übles zustoßen werde. Dieser Plan scheiterte jedoch durch eine himmlische Intervention – wie das genau zuging, musst du schon selbst vor Ort nachlesen …

Um Ried und Kapelle gebührend bewundern zu können, lohnt sich ein Besuch mit Führung. Im ehemaligen Mesnerhaus gleich nebenan gibt es zudem ein kleines Museum und ein Café, in dessen Garten du verweilen kannst.

23 **Benninger Ried • 87734 Benningen • benninger-ried.de**

Hier ist was los, hier steppt der Bär. Und du: mittendrin. Stürz dich rein ins pralle Leben, in die urigsten Events, die spannendsten Bars, die stimmungsvollsten Konzerte, die angesagtesten Festivals. Man lebt schließlich nur einmal!

Das pralle Leben

In Feierlaune das ganze Jahr

Klamauk auf Kufen

Faschingsgaudi-rennen in Pfronten

Dagegen ist die Formel I eine fade Veranstaltung: Beim Schalenggenrennen im Pfrontener Ortsteil Kappel – es findet alljährlich am Faschingssamstag statt, sofern genügend Schnee liegt – geht es an Schanzen und Steilstücken ganz schön zur Sache. Stürze und Schlittenbrüche sind keine Seltenheit, ernsthafte Verletzungen aber glücklicherweise schon.

Schalenggen sind Hörnerschlitten, die in Zweierteams gefahren werden: Einer sitzt vorne und lenkt (schwierig), einer sitzt bzw. liegt hinten und bremst (mindestens genauso schwierig). Früher transportierten die Bauern auf diese Weise im Winter Heu und Brennholz von den Bergwiesen ins Tal; das war eine mühsame und gefährliche Aufgabe.

An diese Tradition will der Verein der Kappeler-Schalenggar erinnern, weswegen jedes Mal zunächst einige mit Heu und Holz beladene, traditionelle Hörnerschlitten ins Rennen gehen. Danach stürzen sich die ausgefallen kostümierten Teams aus der näheren und weiteren Umgebung talwärts, die Startnamen wie »Volle Pulle« oder »Vollgas d'Buckel na« tragen. Manche landen eher Vollgas im Schnee, andere schaffen es erstaunlich schnell bis in den großen Heuhaufen am Ziel. Das Publikum entlang der Strecke feuert die wilden Burschen und Mädels an, unterstützt von einem so fachkundigen wie launigen Kommentator.

Anschließend treffen sich die mehr oder weniger lädierten »Schalengger« mit den Zuschauern im Bierzelt bei Speis, Trank und Musik. Das *Kappeler Schalenggenrennen* ist eine der wenigen Veranstaltungen, wo mehr Allgäuer als Touristen anwesend sind – hier erlebst du das pralle Leben ganz authentisch.

← Die Zuschauer warten beim Rennen auf die nächsten »Schalengger«

← Kostümiert geht's in rasantem Tempo den Berg runter

1 Kappeler Schalenggenrennen • 87459 Pfronten-Kappel • kappelar-schalenggar.de

Hier funkt's ordentlich! Feuriger Brauch zur Fastenzeit

→ **Für Groß und Klein ein glühendes Spektakel: das Funkenfeuer in Langenried**

Es ist harte Arbeit, den Winter auszutreiben, und dabei geht es heiß her. Man braucht dazu nämlich ein echt großes Feuer. Traditionell brennt es am Abend des ersten Sonntags der Fastenzeit. Dann ziehen in vielen Orten im Allgäu alle zum Funkenplatz, um zuzusehen, ob die Funkenhexe oben auf dem Holzturm auch richtig abbrennt. Die Figur symbolisiert den Winter; wenn sie vollständig verbrennt, bevor der Funken in sich zusammenfällt, ist das ein gutes Omen. Zum *Funkenfeuer* gehören auch Grillwürste, Funkenküchle (leckeres Schmalzgebäck), Glühwein und Geselligkeit.

Die intensivsten Funkenfeierer der Region wohnen in der Westallgäuer Gemeinde Oberreute. Bei gerade mal 1700 Einwohnern gibt es dort drei Funkenclubs und die wahrscheinlich größten Feuer im Allgäu. Die *Funkenclubs Langenried und Schweinhöf* bauen aus jeweils über 2000 Holzpaletten Türme von etwa 18 m Höhe (inklusive Hexe) und 9 m Durchmesser. Dabei hat jeder Club seine eigene Turmbautechnik. Gewaltige Flammen gibt es auf jeden Fall. Nach und nach fallen die Türme in sich zusammen und werden zu riesigen Gluthaufen, um die man gemütlich zusammenrücken und bis in den frühen Morgen weiterfeiern kann. Neben Glühwein und Bier sorgt Musik aus der Anlage für gute Stimmung, Gäste sind herzlich willkommen. In Oberreute kannst du drei Abende am Stück den Funken feiern: Am Freitag im Ortsteil Stadels, am Samstag in Langenried und am Sonntag in Schweinhöf.

INSIDER-TIPP
Leuchtende Dauerfunken

2 **Funkenfeuer • 88179 Oberreute**

3 **Funkenclub Langenried • funkenclub.jimdofree.com**

4 **Funkenteam Schweinhöf • facebook.com/FunkenteamSchweinhoef/**

Swing & Sing
Livemusik in der Stadt

← Livemusik in der Stadt: beim Kemptener Jazzfrühling und …

← beim APC-Sommer-Festival

Alle Jahre wieder klingt Kempten Ende April und Ende Juni total international. Und du kannst live dabei sein, wenn es in der Allgäu-Metropole so richtig groovt.

Ende April findet neun Tage lang der *Kemptener Jazzfrühling* statt, der mittlerweile deutschlandweit bekannt ist. Auf über 60 Konzerten in den unterschiedlichsten Locations ist eine bunte Mischung an Bands und Stilrichtungen vertreten. Zum Auftakt finden Konzerte gratis auf dem Rathausplatz und anderen Plätzen statt. Dann wird ein Stadtbummel zum Festivalbesuch, wo es aus allen Ecken jazzt und singt, die Caféstühle in der Fußgängerzone komplett belegt sind, überall fröhliche Menschen an Getränken nippen und mit den Füßen im Takt wippen. Für 120 Euro gibt es ein Festivalticket, mit dem du zu allen Jazzfrühling-Konzerten gehen kannst.

INSIDER-TIPP
Durchmachen!

Ende Juni kriegen dann die alten Römer was auf die Ohren: Vier Tage lang findet das *APC-Sommer-Festival* im Archäologischen Park Cambodunum statt. Eigentlich als reine Open-Air-Veranstaltung, aber wenn es regnet, ziehen Musiker und Publikum in die überdachten Kleinen Thermen um. So oder so ist die Atmosphäre sehr stimmungsvoll. Am Sonntagvormittag gibt es traditionell einen musikalischen Frühschoppen, der keinen Eintritt kostet. Die Musikrichtungen sind sehr unterschiedlich, vom Madrigalchor über mongolischen Kehlkopfgesang bis zu Fusion Jazz ist alles dabei. Die Tendenz geht klar zur »Weltmusik«.

Veranstalter beider Festivals ist der Kemptener Kleinkunstverein Klecks e. V.

5 **Kemptener Jazzfrühling und APC-Sommer-Festival • 87435 Kempten • klecks.de**

Kunst auf der Straße
Kultursommer in Memmingen

Fast drei Wochen lang steppt der Bär auf der *Memminger Meile.* So heißt der Kultursommer, der Ende Juni in der 44 000-Einwohner-Stadt im Unterallgäu beginnt. Zum Auftakt gibt es traditionell eine Vernissage mit zeitgenössischer Kunst im barocken Kreuzherrnsaal (ein hübscher Kontrast!). Danach kannst du Konzerte und Theateraufführungen, Kabarett-, Comedy- und Poetry-Slam-Abende in den verschiedensten Locations besuchen. Etwa in altehrwürdigen Orten wie dem gotischen Antoniersaal, in ehemaligen Fabrikgebäuden oder auch in Kneipen. Die Künstler kommen aber auch zum Publikum: Auf den Plätzen und in der Fußgängerzone der barocken Altstadt findet jede Menge Straßenkunst alias »Pflasterspektakel« statt; Musiker, Artisten, Akrobaten, Jongleure, Zauberer und Tänzer, Pantomimen und Clowns führen ihre Künste vor und verbreiten echte Festivalstimmung. Ein ebenfalls sehr beliebter kostenloser Klassiker ist das Open-Air-Kino auf dem Rathausplatz.

Parallel wird ordentlich gefeiert, musiziert und getanzt: Am letzten Samstag im Juni findet ein Fest der Kulturen am Westertorplatz statt, am darauffolgenden Samstag das Memminger Folk Music Festival im Stadtpark Neue Welt.

Das Programm richtet sich an Klein und Groß, die Künstler kommen aus der Region und von weit her, manche sind bekannt, viele noch nicht – alles in allem ergibt das eine bunte Mischung, die viel Spaß macht.

← Das Folk Music Festival ist Teil der Memminger Meile

← Da staunst du: »elabö« mit ihrem Mix aus Akrobatik und Theater beim Kultursommer

6 Memminger Meile • 87700 Memmingen • meile.memmingen.de

Summer vibes
Bars an Strand und Fluss

→ Die strahlende Sonne, der Cocktail in der Hand, weicher Sandstrand – der perfekte Tagesabschluss!

→ Einfach herrlich kannst du deinen Kaffee in der Fiume Sommerbar genießen

Was für ein Auftakt für eine heiße Nacht! Du schlürfst deinen Lieblings-Sundowner, hörst Gute-Laune-Musik und genießt eine Aussicht, die zum Niederknien schön ist. Die perfekte Location dafür ist die *BeachBar – Am großen Alpsee* in Immenstadt-Bühl. Von Mai bis September stehen Liegestühle und Sonnenschirme auf einem echten kleinen Sandstrand. Da kommt mitten im Allgäu schon beinahe Adria-Feeling auf! Vor der Bar befindet sich eine frei zugängliche Liegewiese mit Promenade und Badestrand (der ist allerdings kiesig), du kannst also vor oder nach dem Sundowner auch noch eine Runde schwimmen. Von deinem Liegestuhl aus blickst du westwärts über den See, sodass du den Sonnenuntergang in voller Pracht erleben kannst.

Wenn dir weniger nach Strand als nach Sommer in der Stadt ist, ist die *Fiume Sommerbar* die richtige Adresse für dich. Sie liegt mitten in Kempten an der Iller, und zwar an einem Wasserkraftwerk. Von hier hast du den schönsten Blick über den Fluss auf die Kemptener Altstadt, die sich im Licht der sinkenden Sonne besonders anheimelnd präsentiert. Der Aperol Spritz ist legendär und der Cappuccino sowie die übrigen Kaffeespezialitäten schmecken echt italienisch. Mittwochs sorgt ein DJ für den Sound zur After-Work-Party und etwa einmal im Monat gibt es abends Livemusik.

Beide Bars bieten auch kleine Snacks. Sie sind nur im Sommer und bei gutem Wetter (dann aber täglich) geöffnet.

7 **BeachBar – Am großen Alpsee • Seepromenade 20, 87509 Immenstadt • beachbar-alpsee.de**

8 **Fiume Sommerbar • Kaufbeurer Str. 1, 87437 Kempten • fiume-sommerbar.de**

APEROL
1919
APEROL

DRAGO
mocambo

Altstadtparty mit Kaiser Zum Tänzelfest nach Kaufbeuren

→ **Die Kleinen ganz groß – beim Festumzug des Tänzelfests**

→ **Spektakulär: die Feuershow beim »Lagerleben«**

INSIDER-TIPP
Feuer und Flamme

Schon Kaiser Maximilian I. kam gern in seine »vielliebe Stadt Buron«, um sich zu amüsieren. Daran erinnern die Kaufbeurer jeden Juli bei der größten Sause des Jahres. 50 Wochen im Jahr herrscht in Kaufbeuren gemächliches Kleinstadtleben. Zum ersten Festwochenende verwandelt sich dann plötzlich die gesamte historische Altstadt in eine quirlige mittelalterliche Partymeile:

Am Freitag und Samstag findet das »Lagerleben« statt, an dem sich jeder Verein und jede Schule der Stadt beteiligt. In den Höfen und an den Straßen werden die Besucher mit Gegrilltem, Gesottenem und Gebackenem verköstigt, die passende Gewandung kannst du dir an einem der vielen Stände kaufen. Auf mehreren Plätzen und auf der großen Tribüne am Rathausplatz wechseln sich ab dem späten Nachmittag allerlei Vorführungen ab: Du kannst dir Ritterkämpfe und Ringer ansehen, die traditionellen Fahnenschwinger aus der italienischen Partnerstadt Ferrara zeigen ihr Können ebenso wie Gaukler, Musiker und Tänzer. Höhepunkt des Abends ist die Feuershow, bei der die Artisten mit Fackeln und Feuerketten jonglieren, tanzen und wirbeln. Die solltest du dir nicht entgehen lassen!

Das *Tänzelfest* ist gleichzeitig das älteste historische Kinderfest Bayerns; es steht unter dem Motto »Kinder spielen die Geschichte ihrer Stadt«. Am Sonntag und Montag zieht jeweils erst Kaiser Maximilian in die Stadt ein, bevor der große Festzug startet, bei dem gefühlt jedes Kind der Stadt mitmarschiert oder -fährt. Natürlich gibt es dazu jede Menge Musik: Trommler, Fanfarengruppen und Kapellen spielen auf. An diesem Partywochenende haben die Kleinen genauso viel Spaß wie die Großen!

9 **Tänzelfest • 87600 Kaufbeuren • taenzelfest.de**

Party total
Die heißesten Festivals

↓ **Super Atmosphäre, super Licht, super Stimmung: das go to GÖ**

↓ **Elektro vom Feinsten gibt es beim IKARUS auf die Ohren**

Tolle Bands, Tausende Besucher und Mega-Stimmung – gibt's auch im Allgäu. Ein Muss für Festivaladdicts ist das *go to GÖ*, das Ende April in Görisried im Ostallgäu stattfindet. Es ist kaum zu glauben, was 250 Ehrenamtliche aus dem Sport- und Musikverein des 1300-Seelen-Dorfes da alljährlich auf die Beine stellen: ein großes Zirkuszelt, innen komplett schwarz mit 15 m hohen Masten und einem »hammergeilen Lichtkonzept«, wie die Organisatoren selbst finden. Dazu Bands aus Bayern und Baden-Württemberg zum »Heimatrock«, bekannte DJs zur DJ-Night und die legendäre »Malle-Party« am zweiten Samstag. Nicht zu vergessen die Verpflegung in diversen Bars und die »Wunderküche«

(besonders beliebt: die »Survival Bratwurst XXL«). Bis zu 15 000 Besucher lassen es in diesen drei Nächten richtig krachen.

Jährlich an Pfingsten findet auf dem Gelände eines ehemaligen Militärflugplatzes bei Memmingen dann ein musikalisch ganz anders aufgestelltes Festival statt: Vier Tage und Nächte am Stück gibt es elektronischen Sound unterschiedlicher Stilrichtungen auf sieben ganz unterschiedlichen Bühnen, präsentiert von über 120 Künstlern aus aller Welt. Campen kannst du vor Ort, Verpflegung gibt es in der Street Food Mile. Außerdem werden diverse Workshops angeboten, an denen du teilnehmen kannst (Yoga, Fitness, Beauty und mehr). Das relativ junge *IKARUS Open Air Festival* (2015 wurde es zum ersten Mal veranstaltet) zieht inzwischen bis zu 50 000 Besucher zum gemeinsamen Feiern, Abtanzen und Abhängen an.

10 **Go to Gö • 87657 Görisried • go-to-goe.de**

11 **IKARUS Open Air Festival • Allgäu Airport, 87766 Memmingerberg • ikarus-festival.de**

Feiern wie anno dazumal
Historische Feste

→ **Tauch beim Frundsbergfest in die Vergangenheit ein!**

Die Allgäuer sind sehr traditionsbewusst, vielleicht feiern sie deshalb so gern historische Feste. Das größte Spektakel sind die Wallenstein-Festspiele, die alle vier Jahre in Memmingen stattfinden und bis zu 150 000 Besucher aus nah und fern anziehen. Mehrere Tausend Mitwirkende versetzen in der letzten Juli-Woche die historische Altstadt in die Zeit des Dreißigjährigen Krieges. Sie veranstalten Reiter- und Lagerspiele, Theateraufführungen, Konzerte, einen historischen Markt und einen sehr großen Festumzug. Üppige Schlemmereien gibt es beim *Wallenstein – Memmingen 1630* natürlich auch.

Da die Akteure großen Wert auf Authentizität legen und sich auf die ganze Altstadt verteilen, kannst du voll ins pralle historische Leben eintauchen. Der echte Wallenstein-Besuch in Memmingen fand übrigens im Jahr 1630 statt, dauerte vier Monate und kostete die Bürger eine Menge Geld. Dafür brachte er Pomp und Feierlichkeiten in die Stadt, die heute noch nachwirken …

Auch das *Frundsbergfest*, das alle drei Jahre in Mindelheim stattfindet und bis zu 100 000 Besucher anlockt, erinnert an eine historische Persönlichkeit, nämlich an den Stadtherrn Georg von Frundsberg (1473–1528), den »Vater der Landsknechte«. Sein Andenken wird jeweils zehn Tage lang gefeiert. Die Altstadt wird dann von Landsknechten und Marketenderinnen bevölkert, Handwerker zeigen ihr Können, auf dem Bauernmarkt geht es lebhaft zu, es wird getanzt und gesungen, es gibt allerlei Gaukelei zu bestaunen und Deftiges zu futtern.

12 **Wallenstein – Memmingen 1630 • 87700 Memmingen • wallenstein-mm.de**

13 **Frundsbergfest • 87719 Mindelheim • frundsbergfest.de**

Draußen-Remmidemmi Im Biergarten mit Livemusik feiern

↓ **Musik, Essen und Getränke: der Biergarten vom Hofgut Farny bietet alles, was man braucht**

Draußen genießt es sich an lauen Sommerabenden am besten. Ein schöner Biergarten ermöglicht dann den Dreiklang aus süffigen Getränken, deftigen Speisen und schmissiger Livemusik, der beste Feierlaune garantiert. Das alles gibt's auch im Allgäu, wobei man hier (anders als im klassischen bayrischen Biergarten mit Selbstbedienung) üblicherweise nicht seine eigene Brotzeit zum Verzehr mitbringen darf.

Im *Hofgut Farny* zwischen Kißlegg und Wangen, das neben einem großzügigen Gastgarten und guter Küche mit frisch gezapftem Bier aus der hauseigenen Brauerei punkten kann, spielen bei

passendem Wetter jeweils am Freitagabend Blasmusikgruppen aus der Region auf. Das Repertoire reicht von Volksmusikstücken und Märschen bis zu modernem Bigbandsound. Für Kinder gibt es in Sichtweite einen Spielplatz, damit die Eltern den Abend länger genießen können.

Sogar überdacht und beheizt ist der Biergarten am *Hotel Traube* in Oberstdorf, der zudem über eine große Grillstation verfügt. In der Sommersaison gibt es dort jeden Tag Livemusik, meist traditionell mit der Ziehharmonika, es treten aber auch Jodler und Schuhplattler auf. Höhepunkte der Traube-Saison sind drei Gartenfeste (Mai, September, Oktober), bei denen Junior Seppi Kleber mit seiner »Widderstein Revivalband« spielt und für ausgelassene Festzeltstimmung sorgt. Im Winter wird der Biergarten übrigens abgebaut und durch ein »Après-Ski-Älple« ersetzt, in dem es ebenfalls recht feierfröhlich zugeht.

14 **Hofgut Farny • Dürren 1, 88353 Kißlegg • hofgut-farny.de**

15 **Hotel Traube • Hauptstr. 6, 87561 Oberstdorf • hotel-traube.de**

Furcht und Fun

Winterbrauchtum mit Nervenkitzel

Wer böse Geister vertreiben will, muss selbst so gruselig auftreten, dass die Geister Reißaus nehmen. Nach diesem Prinzip funktioniert der alte Brauch des *Klausentreibens*, der meist am Vorabend des Nikolaustags ausgeübt wird. Dann vermummen sich junge Burschen mit dicken Pelzen, schmücken sich mit Geweihen, Hörnern und Schellen und ziehen als wilde Schar durch den Ort. Bewaffnet sind sie mit langen Ruten, mit denen sie Streiche an alle Vorwitzigen austeilen, die sich ihnen zu sehr nähern oder sonstwie zu frech werden. Natürlich macht gerade das die Sache für manch jüngeren Besucher spannend. So entwickeln sich mitunter regelrechte Verfolgungsjagden – eine Schneehose oder wenigstens Skiunterwäsche kann da einiges abfedern. Zu Kindern sind die Klausen aber freundlich. Zum wilden Treiben gehören traditionell Glühwein, Punsch und »Klausenmännle« (Lebkuchengebäck).

Vor allem im Oberallgäu, etwa in Immenstadt, ziehen am Tag vor dem Klausentreiben die Bärbele durch die Orte. Auch dieser Brauch, das *Bärbeletreiben*, dürfte vorchristliche Wurzeln haben. Die Bärbele sind Frauen ab 16 Jahren, die sich in alte Gewänder hüllen und ihre Gesichter hinter selbst gebastelten Masken aus Naturmaterialien verbergen. Auch sie tragen Schellen und Weidengerten. Letztere dienen dazu, symbolisch den Unrat aus den Gassen zu fegen, bei Bedarf werden aber auch Hiebe ausgeteilt. Die Rutenstreiche sollen Fruchtbarkeit und Glück bringen. Mütter und Kinder bekommen von den Bärbele Süßes geschenkt.

Die genauen Termine zum Bärbele- und Klausentreiben findest du in den regionalen Veranstaltungskalendern.

← Schon Angst bekommen? Die Klausen machen die Orte unsicher

← Vor dem Klausentreiben gehen schon die Bärbele auf die Straßen

16 Klausentreiben • in der Regel am Vorabend des Nikolaustags

17 Bärbeletreiben • am 4. Dezember

Schön romantisch Weihnachtsmärkte vor Schlosskulisse

→ **Romantischer geht's nicht: die Isnyer Schlossweihnacht**

Der Besuch eines Weihnachtsmarkts gehört für dich genauso zum Fest wie »Drei Haselnüsse für Aschenbrödel«? Dann solltest du diese drei Märkte mit echter Allgäuer Schlosskulisse nicht verpassen:

Etwa 40 Kunsthandwerker und Bewirtungsstände bevölkern zum *Romantischen Weihnachtsmarkt im Schloss Kronburg* den Hof und einige Nebengebäude. Das schöne Angebot ist hochwertig und wirkt hervorragend vor der Kulisse des Renaissanceschlosses.

Etwas kleiner, aber ebenfalls kunsthandwerklich geprägt ist der *Adventsmarkt im und ums Schloss Hopferau* am ersten Adventswochenende. Das (neu)gotische Schloss mutet romantisch an; innen wird es zur Weihnachtszeit dekoriert, sodass du beim Bummel durch die Räume ein prächtiges Gesamtkunstwerk erlebst.

Die *Isnyer Schlossweihnacht* prunkt dagegen mit ihrem üppigbarocken Rahmen im Herzen des Städtchens. Das Angebot im Schlosshof ist etwas konventioneller, dafür gibt es Werkstätten, ein musikalisches Programm und kulinarische Vielfalt aus den Isnyer Partnerstädten in Frankreich, Polen, Finnland, England und der Schweiz. Ein Highlight für Kinder ist das traditionelle Engelefliegen: Immer um 18.30 Uhr schwebt ein Engel herab in den Schlosshof, seine Helfer verteilen Gaben an die Kleinen.

INSIDER-TIPP
Engel-Flugshow

18 **Romantischer Weihnachtsmarkt Schloss Kronburg • Burgstr. 1, 87756 Kronburg • schloss-kronburg.de/weihnachtsmarkt**

19 **Adventsmarkt im Schloss zu Hopferau • Schloßstr. 11, 87659 Hopferau • schloss-hopferau.com**

20 **Isnyer Schlossweihnacht • 88316 Isny • isny.de/veranstaltungen/veranstaltungs-highlights/isnyer-schlossweihnacht.html**

Das war ein bisschen viel an Info? Du weißt nicht, wo du anfangen sollst? Na dann, hier kommen ein paar Vorschläge: die Tipps aus diesem Buch, neu gedacht, neu sortiert. Teste dies, probiere das und würfel alles wieder neu zusammen!

Mix & Match

Mach dein eigenes Ding

Kurzurlaub
In zwei Tagen besonders viel erleben

Tag 1

Krimi am Morgen
Gut ausgeschlafen sind die grauen Zellen noch frisch, sodass du den rätselhaften Kriminalfall bei deiner *Allgäu-Mission* erfolgreich lösen und bei der Handy-Schnitzeljagd gleichzeitig Kemptens schönste Plätze entdecken kannst. Für eine Frühstückspause in einem der vielen Cafés kannst du die Jagd jederzeit unterbrechen. → **S. 27**

Froschkonzert im Moor
Nach dem Stadtrundgang fährst du zum *Werdensteiner Moos* → **S. 138** für einen kleinen Moorspaziergang. Die Frösche quaken dir ein Konzert, während du dem Rundweg folgst und die Sumpfschwertlilien und die bizarre Tümpellandschaft bewunderst.

Zu den fleißigen Bienen
Ein frisches Tagesgericht oder ein sahniger Bienenstich gefällig? Dann ab nach Blaichach in *den Bienenkorb*. Nimm dir auch Zeit für den Bienen-Erlebnisweg. Ein Glas Honig und vielleicht einen selbstgebrannten Obstler kannst du vor Ort kaufen. → **S. 53**

Zeit für Action!
Fahr westwärts durchs Tal der Konstanzer Ach bis zur Alpsee Bergwelt. In einer Dreiviertelstunde kannst du hinauf zur Bergstation wandern und anschließend mit dem *Alpsee Coaster* mit bis zu 40 km/h wieder talwärts flitzen. Ein Riesenspaß mit vielen Kurven und kleinen Jumps. → **S. 100**

Romantischer Ausklang
Nach der Rodelpartie geht es wieder zurück nach Immenstadt. Wenn es warm genug ist, kannst du noch eine Runde im Großen Alpsee schwimmen, bevor du dir in der *BeachBar – Am großen Alpsee* → **S. 160** einen Sundowner gönnst und zufrieden zusiehst, wie die Sonne langsam seewärts sinkt.

Tag 2

Versuch dich als Biathlet
Nach dem guten Frühstück fährst du nach Oberjoch, wo du einen Schnupperkurs von *Biathlon Allgäu* gebucht hast. Nach einer Einweisung und unter fachkundiger Anleitung zielst du mit einem Kleinkaliber-Lasergewehr auf die Scheibe eines Profi-Schießstandes. Nicht so einfach, macht aber Spaß! → **S. 102**

Allgäuer Rebensaft zu Mittag
Zu einem Mittagsimbiss geht es weiter nach Bad Hindelang, wo du im Biergarten des *Hotels Prinz Luitpold Bad* zum Essen nicht nur den Ausblick aufs Dorf, sondern vor allem den hauseigenen Bergwein genießt. Die Reben wachsen direkt am Hotel, auf dem höchstgelegenen Weinberg Deutschlands. → **S. 48**

Shoppingstop in Ofterschwang
In der Tenne des ehemaligen Bauernhauses Busche Berta hat die junge Keramikerin Sophie Mische unter dem Namen *s'Alpgfihl* ihr Atelier und ihren Verkaufsraum eingerichtet. Es lohnt sich, unter ihren handbemalten Stücken nach Mitbringseln zu stöbern. → **S. 83**

Skifliegerfeeling
Von Ofterschwang fährst du weiter ins Stillachtal bei Oberstdorf, wo du die berühmte *Skiflugschanze* besichtigst. Wie krass es ist, diese Schanze hinunterzurasen, kannst du hautnah auf dem Balken auf dem Schanzenturm erleben – eine VR-Brille macht's möglich. Ein atemberaubendes Erlebnis! → **S. 106**

Ausgezeichnetes Essen
Nach den Aufregungen des Tages hast du dir ein erstklassiges Abendessen verdient. In Constantin Kiehnes Lokal *freistil.* → **S. 50** im Ofterschwanger Ortsteil Schweineberg kannst du dir dein persönliches Lieblingsmenü zusammenstellen und den Abend rundum genießen.

Auszeit
Ein herrlich entspannter Tag

Morgenrunde mit Kunstgenuss
Nach einer erholsamen Nacht und einem Frühstück fährst du ins Dorf Karsee und spazierst über den *Skulpturenweg* um den See. Die Landschaft und die Kunstwerke ergänzen sich zu einem tollen Spaziergang. → **S. 63**

Wochenmarkt im Barockstädtchen
Ein Bummel über den *Wochenmarkt in Wangen* ist ein Erlebnis für die Sinne: diese Farben, die köstlichen Düfte, die gut gelaunten Menschen! Es macht Spaß, von Stand zu Stand zu gehen und das bunte Treiben zu beobachten. Vielleicht wandert auch eine Leckerei in deine (Kühl-)Tasche. → **S. 57**

Deftige Mahlzeit mit Tradition
Mittags muss es Leberkäs sein. Natürlich im *Fidelisbäck*, der Bäckerei mit Gaststätte und über 500-jähriger Tradition. Such dir ein Plätzchen in der gemütlichen Gaststube oder im Biergarten oder hol dir einen Leberkäs-to-go im Bürli-Weck. Lecker! Falls du lieber etwas Vegetarisches möchtest: Das gibt es natürlich auch. → **S. 35**

Hut ab!
Fahr weiter nach Lindenberg und sieh dir in aller Ruhe das *Deutsche Hutmuseum* → **S. 87** in einer früheren Hutfabrik an. Hier kannst du tief in die Stadt- und Modegeschichte eintauchen und ausgiebig ausprobieren, welcher Hut dir am besten steht. In der ehemaligen Kesselhalle gleich nebenan ist Gelegenheit für eine Kaffeepause.

Bad mit Bergblick
Begib dich in den Nachbarort und lass den Nachmittag entspannt im *Alpenfreibad Scheidegg* verstreichen, einem der schönsten Freibäder der Region. Hier hast du einen großartigen Logenblick auf die Nagelfluhkette. Zum Abendessen kannst du bleiben: Im Freibadlokal wird gute griechische Küche serviert. → **S. 125**

Weltreise
Exotische Orte ganz nah

Wassersport wie am Meer
Nein, das Allgäu liegt nicht am Meer. Aber zum Wasserski- und Wakeboardfahren brauchst du nicht in die Karibik zu fliegen, es genügt eine Fahrt nach Blaichach zur Anlage am *Inselsee Allgäu* oder in die *Wakecity Memmingen*. Dazu noch ein kühler Drink und es klappt sofort mit dem Karibikfeeling. → **S. 110**

Jeden Tag in Bethlehem
Die Hirten knien hier täglich vor der Krippe, die Weisen aus dem Morgenland bringen jeden Morgen wieder königliche Geschenke. Im *Schwäbischen Krippenmuseum* → **S. 79** in Mindelheim herrscht zu jeder Jahreszeit Weihnachtsstimmung. Im Sommer wirkt das exotisch, im Advent anheimelnd. Schön ist es immer.

Goa auf dem Gipfel
Für intensive Yoga-Erlebnisse kannst du nach Indien reisen. Musst du aber nicht. Denn unvergessliche Momente und schöne Natur erlebst du beim *Yoga auf dem Berg* – und verglichen mit dem Panorama hier ist die Sicht aufs Meer fast langweilig. → **S. 131**

New Orleans lässt grüßen
Hach, es macht so gute Laune, zu lässig-fröhlichen Jazz-Klängen durch die Stadt zu swingen. Wie gut, dass der Auftakt zum *Kemptener Jazzfrühling* mit Gratiskonzerten mitten in der Altstadt beginnt und sich prima mit einem Cafébesuch oder einem Bummel kombinieren lässt! → **S. 157**

Ab in die Südsee!
Fahr einfach mit dem Aufzug auf die andere Seite der Erde, dann landest du auf den melanesischen Inseln im Südpazifik. Die *Südseesammlung Obergünzburg* liegt gleich neben dem Heimatmuseum, eröffnet dir aber eine fremde Welt und ihre exotische Kultur. → **S. 11**

Kinderkram
So werden die Kleinen glücklich

Hüpfheustock und Traktorparcours
Endlich mal ein Museum, in dem garantiert keine Langeweile aufkommt: Das *Allgäuer Bergbauernmuseum* → **S. 12** in Diepolz bietet mit zwei großen Spielplätzen, einem begehbaren Kuhmagen, einem Heustock zum Hüpfen und vielen Tieren jede Menge Kinderspaß. Ein perfekter Halbtagesausflug!

Wasserfälle und Märchenwald
Für Erwachsene mögen die *Scheidegger Wasserfälle* ein interessantes und schönes Geotop sein. Für Kinder sind sie ein großer Outdoorspielplatz mit Stationen zum Entdecken, Ausprobieren und Austoben. Dank Kiosk und Toiletten lässt sich der Besuch einfach ausdehnen. → **S. 94**

Bayerns größter Freizeitpark
Von Kinderkarussell über die Riesenhüpfburg bis hin zu den wildesten Achterbahnen ist hier alles geboten: Ein Tag im *Allgäu Skyline Park* → **S. 99** bei Bad Wörishofen macht die Kleinen ab etwa drei Jahren genauso glücklich wie die Teenager.

Bayerns ältestes Kinderfest
Seit 350 Jahren feiern die Kaufbeurer das *Tänzelfest*, das an die Besuche von Kaiser Maximilian I. in der Stadt an der Wertach erinnert. Nach dem Motto »Kinder feiern die Geschichte ihrer Stadt« sind Kinder die Hauptdarsteller bei den Umzügen. Besonders viel los ist beim Lagerleben. → **S. 162**

Abenteuer zwischen Baumwipfeln
Klettern, Balancieren, Rutschen – alles in luftiger Höhe, aber ohne Gefahr: Im Waldseilgarten sind die Kids den Eltern oft voraus. Mit kontinuierlichem Sicherungssystem für die Kleineren im *Kletterwald Söllereck*, mit Seilbahnspaß für die Größeren im *Kletterwald Bärenfalle*. → **S. 112**

Sauwetter
Wo es bei Regen besonders schön ist

Nass wirst du eh …
Beim *Rafting auf der Iller* trägst du sowieso isolierendes Neopren, und selbst wenn du nicht freiwillig in den Fluss fällst, probierst du bestimmt gerne die lustige Wasserrutsche übers Wehr aus. Ein bisschen Regen ist also absolut kein Hindernis für einen fröhlichen Ausflug ins Nasse. → **S. 93**

Nix wie raus hier!
Trocken ist es im *Escape Room* → **S. 105** garantiert. Dafür raucht dir bald der Kopf, denn es gilt, unter Zeitdruck eine Knobelaufgabe nach der anderen zu lösen, um sich aus dem Raum zu befreien. Manchmal musst du dazu richtig um die (Allgäuer) Ecke denken. Das ist bei jedem Wetter ein Spaß.

Im Thermalbad aalen
Zwar ist die *Naturtherme Bedernau* ein Freibad, aber das Becken mit dem 34 °C warmen Thermalwasser ist überdacht, sodass das Baden bei kühlerem Wetter oder bei Regen möglich ist. Wärmen kannst du dich auch im Dampfbad und in der Infrarotkabine. → **S. 143**

Nostalgische Cafés
Was könnte bei schlechtem Wetter verlockender sein als ein ausgedehnter Cafébesuch mit Kaffee, Kuchen und Torten in der anheimelnden Atmosphäre eines alten Pfarrhauses? Im *Café s'Himmelreich* und im *Denkmal an Kaffee* → **S. 39** vergeht auch der regnerischste Wochenendnachmittag wie im Flug.

Mach dir ein paar schöne Stunden …
… und geh ins Kino, nämlich in die *Filmburg Marktoberdorf*. Dort werden keine Blockbuster gezeigt, sondern Dokumentarfilme und andere cineastische Kostbarkeiten in einem plüschigen 50er-Jahre-Ambiente. Komm am besten ein bisschen vor Beginn des Films, damit du noch etwas Zeit an der kleinen Bar verbringen kannst. → **S. 76**

Dies & Das

Karten, Register und mehr

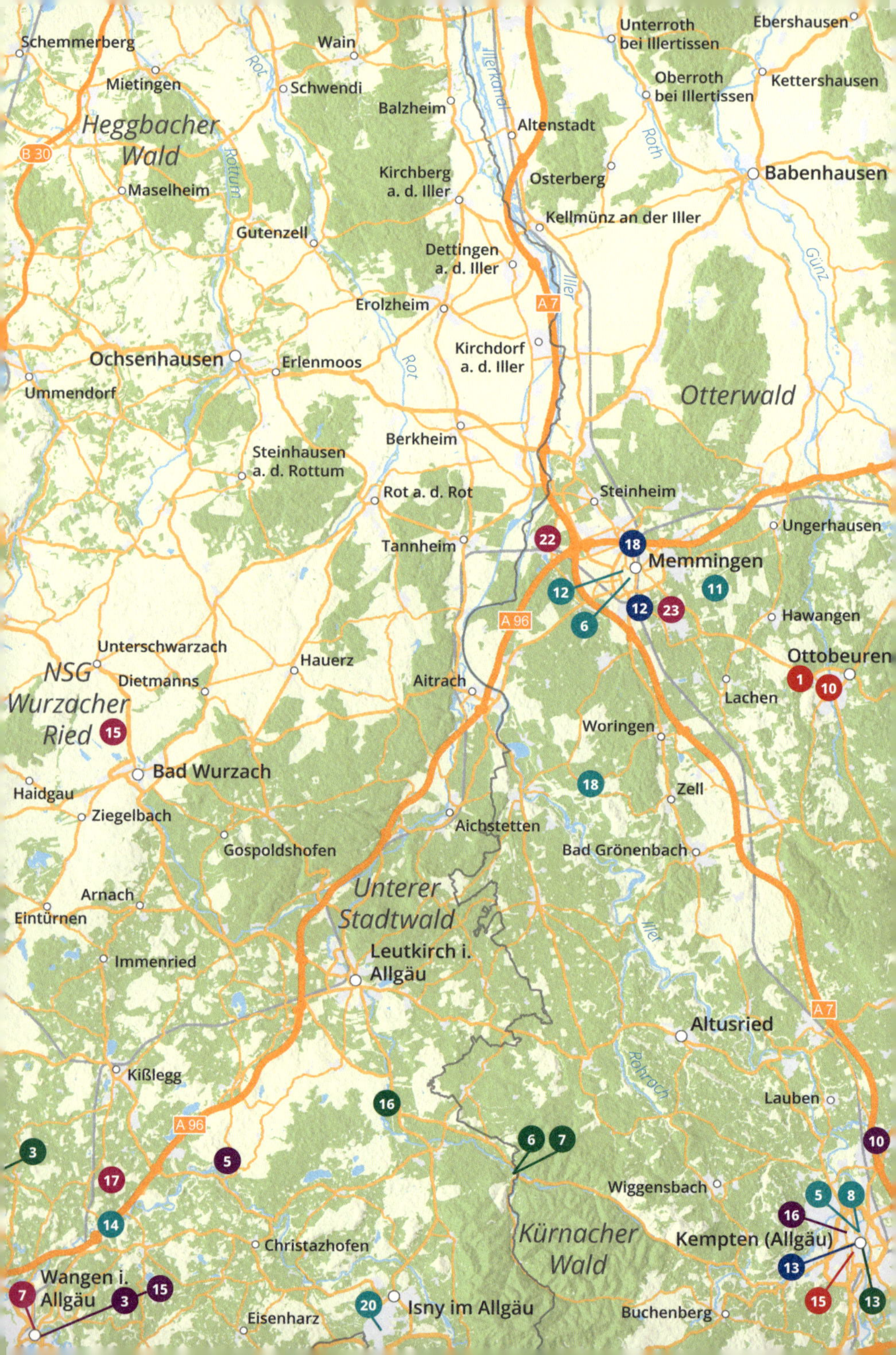
Schemmerberg
Wain
Unterroth bei Illertissen
Ebershausen
Mietingen
Schwendi
Oberroth bei Illertissen
Kettershausen
Balzheim
Heggbacher Wald
Altenstadt
B 30
Kirchberg a. d. Iller
Osterberg
Babenhausen
Maselheim
Kellmünz an der Iller
Gutenzell
Dettingen a. d. Iller
Erolzheim
A 7
Kirchdorf a. d. Iller
Ochsenhausen
Erlenmoos
Ummendorf
Otterwald
Berkheim
Steinhausen a. d. Rottum
Rot a. d. Rot
Steinheim
Ungerhausen
Tannheim
Memmingen
Hawangen
A 96
Unterschwarzach
Hauerz
Ottobeuren
NSG Wurzacher Ried
Dietmanns
Aitrach
Lachen
Woringen
Bad Wurzach
Haidgau
Zell
Ziegelbach
Aichstetten
Gospoldshofen
Bad Grönenbach
Unterer Stadtwald
Arnach
Eintürnen
Immenried
Leutkirch i. Allgäu
Altusried
Kißlegg
Lauben
Wiggensbach
Kürnacher Wald
Kempten (Allgäu)
Christazhofen
Wangen i. Allgäu
Isny im Allgäu
Eisenharz
Buchenberg
Iller
Rot
Rottum
Roth
Günz
Illerkanal
Rohrach

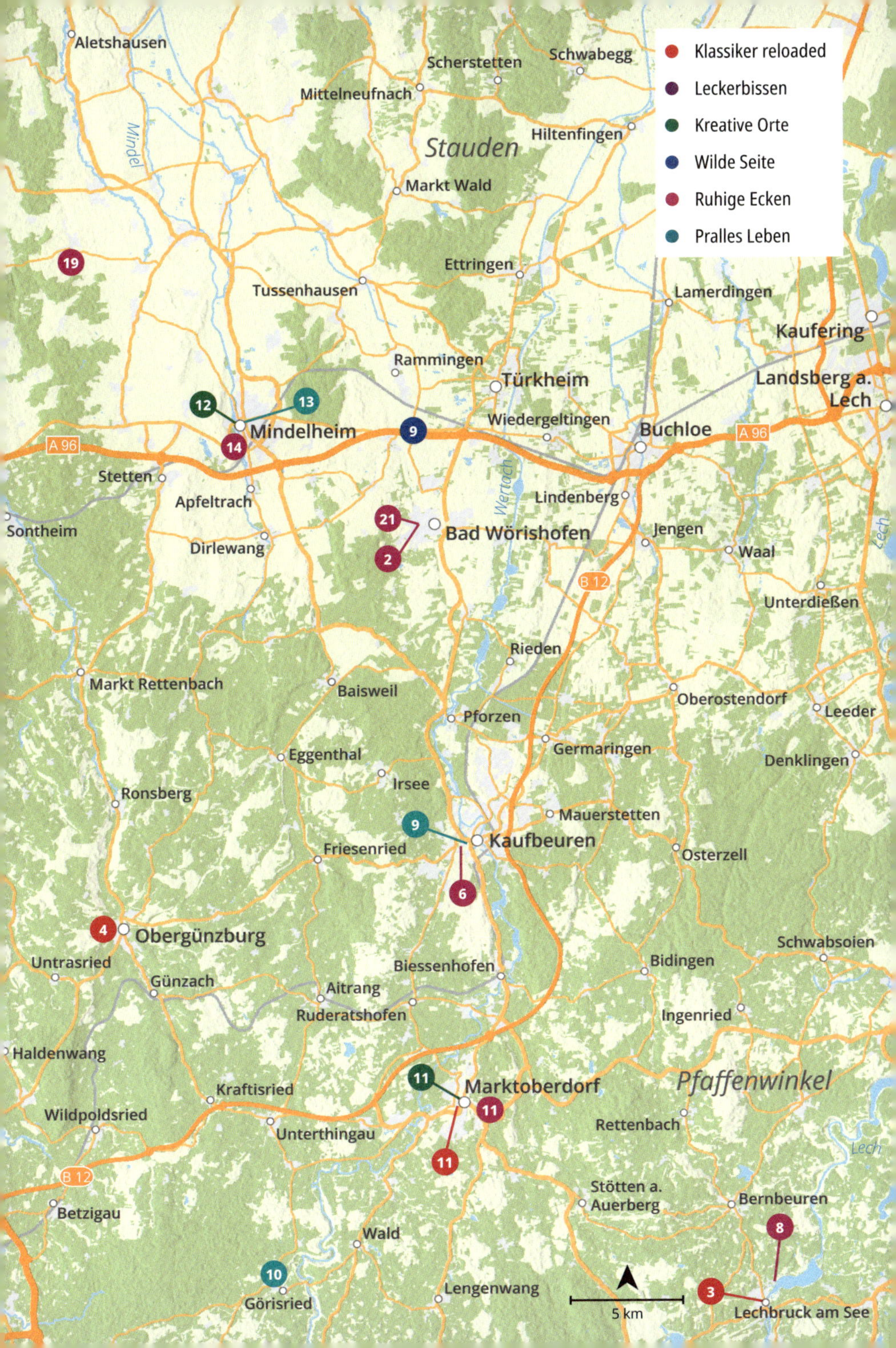

Klassiker reloaded
Leckerbissen
Kreative Orte
Wilde Seite
Ruhige Ecken
Pralles Leben
Aletshausen
Scherstetten
Schwabegg
Mittelneufnach
Hiltenfingen
Stauden
Mindel
Markt Wald
Ettringen
Tussenhausen
Lamerdingen
Kaufering
Rammingen
Türkheim
Landsberg a. Lech
Mindelheim
Wiedergeltingen
Buchloe
A 96
Stetten
Apfeltrach
Lindenberg
Wertach
Sontheim
Bad Wörishofen
Jengen
Waal
Dirlewang
Lech
B 12
Unterdießen
Rieden
Markt Rettenbach
Baisweil
Oberostendorf
Leeder
Pforzen
Germaringen
Eggenthal
Denklingen
Irsee
Ronsberg
Mauerstetten
Kaufbeuren
Friesenried
Osterzell
Obergünzburg
Schwabsoien
Untrasried
Biessenhofen
Bidingen
Günzach
Aitrang
Ruderatshofen
Ingenried
Haldenwang
Pfaffenwinkel
Marktoberdorf
Kraftisried
Wildpoldsried
Rettenbach
Unterthingau
Stötten a. Auerberg
Bernbeuren
Betzigau
Wald
Lengenwang
Görisried
5 km
Lechbruck am See

A 96
Christazhofen
Wiggensbach
Kürnacher Wald
Kempten (Allgäu)
Wangen im Allgäu
Isny im Allgäu
Eisenharz
Buchenberg
Hegge
Eglofs
B308
Waltenhofen
Gestratz
Hergatz
Weitnau
Iller
Heimenkirch
Grünenbach
B 19
Opfenbach
Lindenberg im Allgäu
Stiefenhofen
Missen-Wilhams
Großer Alpsee
Scheidegg
Retten-berg
Immenstadt i.Allgäu
Oberreute
Oberstaufen
Möggers
Blaichach
Burgberg
Au
Sulzberg
Langen bei Bregenz
Weißach
Sonthofen
Rotach
Ofterschwang
Buch
Doren
Langenegg
Bolgenach
Bolsterlang
Fischen im Allgäu
Hittisau
Obermaiselstein
Alberschwende
Egg
Großdorf
Schwarzenberg
Andelsbuch
Rubach
Oberstdorf
Bezau
Reuthe
Riezlern
Breitach
Mellau
Hirschegg
Allgäuer Hochalpen
Au
Rehmen
Schoppernau
Mittelberg
Lech
5 km
Lutz
Sonntag
Steeg

Deutschland
Österreich
Betzigau
Wald
Görisried
Lengenwang
Stötten a. Auerberg
Bernbeuren
Lechbruck am See
Steingaden
Prem
Sulzscheider Forst
Sulzberg
Rückholz
Seeg
Roßhaupten
Rottachsee
A 7
Halblech
Nesselwang
Eisenberg
Hopferau
Rieden am Forggensee
Forggensee
Wertach
Pfronten
Füssen
Schwangau
Steinach
Vils
B 12
B179
Bad Hindelang
Tannheim
Grän
Pflach
Reutte
Wängle
Höfen
NSG Visalpsee
Plansee
Heiterwang
Weißenbach am Lech
Bichlbach
Lech
Lechtaler Alpen
Häselgehr
Elbigenalp
Imst
Klassiker reloaded
Leckerbissen
Kreative Orte
Wilde Seite
Ruhige Ecken
Pralles Leben

Register

Impressum

1. Auflage 2022

Printed in Italy

FSC
www.fsc.org
MIX
Papier aus verantwortungsvollen Quellen
FSC® C015829

Text: Barbara Kettl-Römer
Gestaltung Titel, U2 + U4:
Eggers + Diaper, Potsdam
Gestaltung Innenteil + U3:
Sofarobotnik – Büro für Gestaltung, Augsburg & München
Lektorat
Olaf Rappold, Stephanie Ziegler
Bildredaktion
Anja Schlatterer
Produktion
red.sign GbR, Stuttgart
Kartografie
© MAIRDUMONT, Ostfildern, unter Verwendung von Kartendaten von OpenStreetMap, Lizenz CC-BY-SA 2.0

Bildnachweise

Titelbild: www.carolamichaelafotografie.com / www.yogaglueck-fuessen.de

Fotos: allgaeu-impressionen.com: Karl Jena (156 u.); Allgäu Escape (104); Allgäu Skyline Park (98, 180); Allgäu Spa (145 u.); Alpsee Bergwelt: Nico Galauch (101, 176); Bad Hindelang Tourismus: Wolfgang B. Kleiner (Klappe innen o., 96, 97); Biathlon Allgäu GbR: (103 u.), Ulrike Spörl (103 o.); Blue River Canyoning (91); Breitachklamm-verein eG (17); DHML: Dominik Berchtold (86 u.), Daniel Stauch (86 o.); Flyteam Tandem Paragliding (14); Funken-club Langenried (155); go to Gö: Peter Roth (164, 165); Barbara Kettl-Römer (Klappe innen u., 9, 10, 13, 18, 20, 22, 25, 26, 30, 33, 34, 37, 38, 41, 42, 45, 46, 48, 49, 51, 52, 55, 56, 61, 62, 65, 67, 69, 70, 72, 73, 74, 77, 78, 80, 82, 85, 92, 108, 111, 115, 118/119, 120, 123, 124 o., 127, 129, 133, 134, 137, 138, 139, 141, 142, 146, 149, 152, 156 o., 161, 163, 167, 168, 169, 170 o., 173, 177, 181); Kulturamt Memmingen: (158 o.), Grossmann (158 u.); Oberstdorf · Kleinwalsertal Bergbahnen (112, 113); Panoramahotel Oberjoch (145 o.); Pfronten Tourismus: David Knipping (124 u., 178), Vipasana Roy (130 u.); picturealliance/dpa: Karl-Josef Hildenbrand (170 u.); Scheidegg-Tourismus: David Knipping (95); Shutterstock: ByeByeSSTK & Birgit Eggers (192), Ksusha Dusmikeeva (2); Sportstätten Oberstdorf: Felix Mayer (107); Katja Wegener (191); www.carolamichaelafotografie.com / www.yogaglueck-fuessen.de (130 o., 179)

Die Autorin

Barbara Kettl-Römer
Seit sie 1995 der Liebe wegen ins Allgäu zog, hat Barbara Kettl-Römer die Region voller Entdeckungsdrang erkundet. Anfangs mochte sie Berge nur als Panorama. Inzwischen erklimmt sie gerne Gipfel, schätzt aber auch die beschaulicheren Landstriche im West- und Unterallgäu für Wanderungen und Ausflüge. Landschaft, Kultur und Menschen sind ihr so ans Herz gewachsen, dass sie mit Begeisterung über sie schreibt. *(www.tief-im-allgaeu.de)*

Lob oder Kritik? Wir freuen uns auf deine Nachricht!
Trotz gründlicher Recherche schleichen sich manchmal Fehler ein. Wir hoffen, du hast Verständnis, dass der Verlag dafür keine Haftung übernehmen kann. Wir freuen uns aber, wenn du uns schreibst:

MARCO POLO Redaktion
MAIRDUMONT
Postfach 31 51
73751 Ostfildern
info@marcopolo.de

Bloß nicht!

Fettnäpfchen und Reinfälle vermeiden

Nicht grüßen

Grußlos an Fremden vorbeizugehen ist in der Stadt normal, gilt in der freien Natur aber als ungehobelt. Hier grüßt man beim Spazierengehen, Wandern und erst recht beim Bergsteigen jeden Menschen, der einem begegnet. Egal ob mit einem zünftigen »Servus« oder einem neutralen »Hallo«, ein kurzer Blickkontakt gehört dazu.

Den Hüttenwirt siezen

Klar, im Flachland werden Fremde gesiezt. Was auf Meereshöhe höflich ist, ist in den Bergen aber skurril bis unangebracht. Hier gilt nämlich die ungeschriebene Regel: »Ab 1000 m ist man per Du.« Am Berg sind eben alle Kameraden, Standesunterschiede spielen keine Rolle.

Allgäuer Schwaben nennen

Ja, das Allgäu gehört teils zum bayrischen Regierungsbezirk Schwaben, teils zu Baden-Württemberg. Aber der Allgäuer reagiert empört, wenn du ihn »Schwabe« oder »Bayer« nennst, denn er versteht sich vor allem als Allgäuer – und die sind halt eine Klasse für sich!

»Der Allgäu« und »die Alm« sagen

Es heißt zwar der Chiemgau, aber das Allgäu; wer »der Allgäu« sagt, outet sich als ahnungslos. Genau wie jemand, der auf eine Alm wandern will. Was in Oberbayern Alm heißt, ist im Allgäu eine Alpe. Auch das Allgäuerische hat eben seine Eigenheiten!

Sich zu früh auf einen Lieblingskäse festlegen

Fast in jedem Dorf gibt es eine Käserei, und jede hat ihre eigenen Spezialitäten. Probier dich durch – du wirst eine Lieblingssorte nach der anderen entdecken.